Südseemyrte (Leptospermum).

Buschmannskerze (Sarcocaulon).

Der Autor

Jochen Pfisterer, Gärtner und Biologe, ist durch Fachartikel, Vorträge und seine Bonsai-Videos im In- und Ausland bekannt. Er ist Mitinhaber einer Bonsai-Gärtnerei in Baden-Baden und gestaltet Zimmer- und Freiland-Bonsai seit 1972. Die meisten der abgebildeten Bonsai wurden vom Autor über ein bis zwei Jahrzehnte gestaltet.

Die Fotografen

Jürgen Stork ist auf Pflanzen spezialisiert und macht seit vielen Jahren Aufnahmen für Zeitschriften. Für den GU Naturbuch-Verlag hat er bereits mehrere Bücher fotografiert. Weitere Fotos stammen von anderen bekannten Pflanzenfotografen.

Der Zeichner

György Jankovics ist ausgebildeter Grafiker. Er studierte an den Kunstakademien von Budapest und Hamburg. Für eine Reihe angesehener Verlage zeichnet er Tier- und Pflanzenmotive. Auch für den GU Naturbuch-Verlag hat er viele Titel illustriert.

Wichtig: Damit die Freude an Ihrem Bonsai nicht getrübt wird, beachten Sie bitte »Warnung und Hinweis« auf Seite 63.

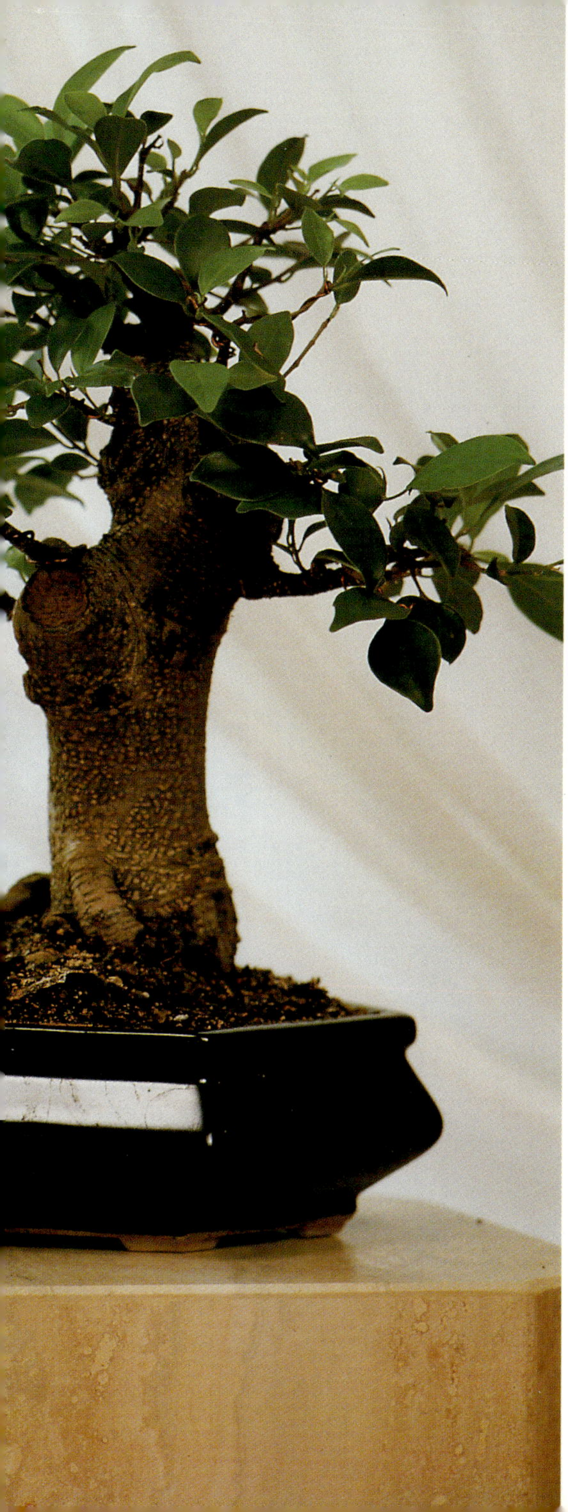

Jochen Pfisterer

Zimmer-Bonsai

formen und pflegen

Praktische Tips fürs Drahten,
Schneiden und Gießen
Mit Grundkurs fürs Gestalten

Mit Farbfotos von Jürgen Stork
und anderen bekannten
Pflanzenfotografen
Zeichnungen: György Jankovics

GU GRÄFE UND UNZER

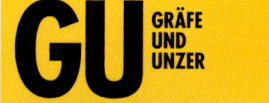

Inhaltsübersicht

Kleine Bäume fürs Zimmer
Ein Wort zuvor

Mit einem Bonsai holen Sie sich Natur im Miniaturformat in die Wohnung. Denn ein Bonsai ist das verkleinerte Abbild eines mächtigen Baumes in der Landschaft. Im kleinen zeigt er genau dessen vielfältige Schönheiten: sein attraktives Laub, sein Blühen und Fruchten sowie die interessante Form seines Stammes und seiner Äste.

Der Bonsai-Spezialist Jochen Pfisterer erläutert in diesem Ratgeber ausführlich und kompetent die Pflege eines Bonsai. Mit anschaulichen Schritt-für-Schritt-Zeichnungen führt er auf Praxis-Seiten die Gestaltungstechniken des Schneidens und Drahtens vor. Präzise und ergänzt durch Tips aus langjähriger Erfahrung informiert er über Pflegemaßnahmen wie das Gießen, Düngen und Umtopfen. Ein nach Herkunftsbereichen und Pflanzennamen geordneter Porträt-Teil stellt wichtige Pflanzen für die Bonsai-Gestaltung mit ihren speziellen Pflegeansprüchen ausführlich in Wort und Bild vor. Eindrucksvolle Fotos zeigen die verschiedenen Stilformen, die sich im Verlauf der Bonsai-Geschichte herausgebildet haben.

Viel Freude bei der Pflege Ihrer Bonsai wünschen Ihnen der Autor und die GU Naturbuch-Redaktion.

Ein attraktiver Bonsai wirkt als Solitär am besten.

Minibäume für die Wohnung

Ideale Welt im kleinen

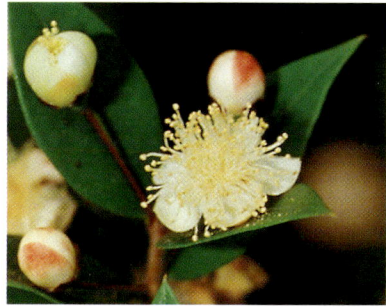

Wenn Ihre Wohnung zu klein ist, um einen großen Zimmerbaum aufzustellen, gibt es einen attraktiven, platzsparenden Ausweg: Bonsai, die japanischen Miniaturbäume mit ihrer jahrhundertealten Tradition und ihrer ausgeprägten Ästhetik. Interessantes zu ihrer Geschichte, ihren Stilformen und den wichtigsten Gestaltungstechniken erfahren Sie auf den nächsten Seiten.

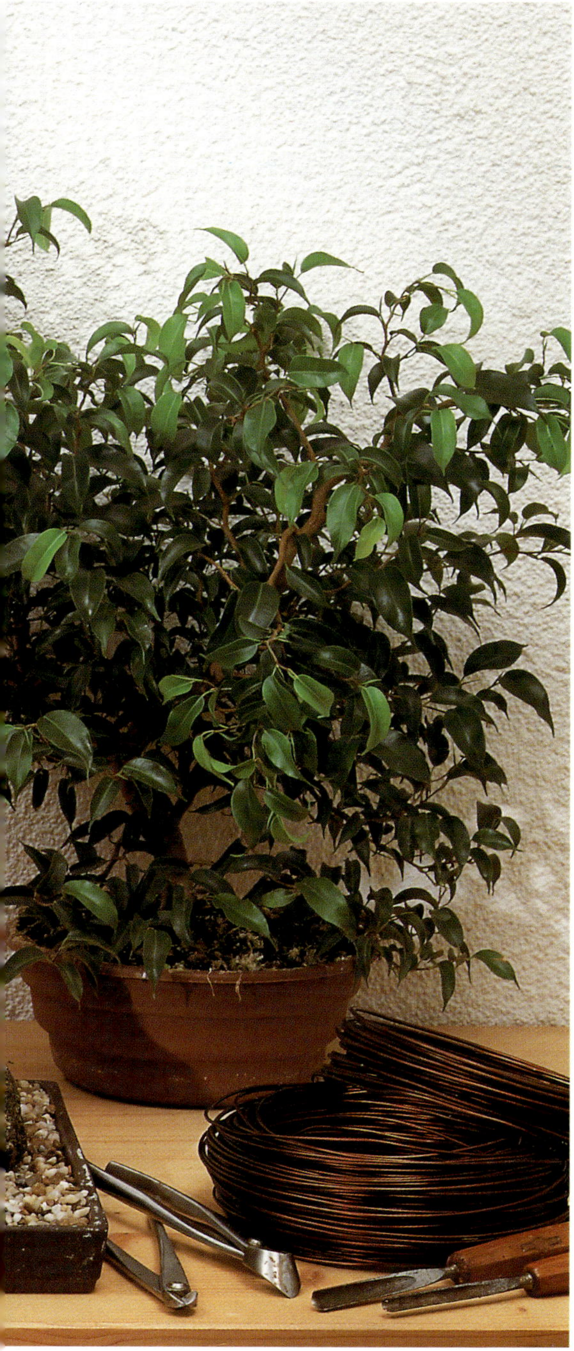

Oben: Einen Hauch von mediterraner Atmosphäre zaubern die Blüten der Myrte.
Links: Eine gut gewachsene Zimmerpflanze, Vorbilder und Werkzeuge wie Scheren, Konkavzange, Drahtzange und Draht – die Bonsai-Gestaltung kann beginnen.

Was ist ein Bonsai?

Der Name Bonsai setzt sich aus zwei japanischen Schriftzeichen zusammen. BON bedeutet Schale und SAI Baum. Wörtlich übersetzt sind Bonsai also nichts weiter als »Topfbäume« oder, besser formuliert, Kübelpflanzen. In Wahrheit sind sie jedoch idealisierte Abbilder mächtiger, alter Bäume, die in jahrelanger Arbeit, oft über Generationen hinweg, ihre Gestalt erhalten haben. Als Pflanzenmaterial verwendet man junge oder schon 4 bis 6 m hohe, knapp über der Wurzel gut verzweigte Bäume aus Wald und Flur, Baumschule oder Gärtnerei. Durch kunstvollen Schnitt und behutsames Formen mit Stützdraht erhalten sie allmählich ihre Gestalt.

Ursprung der Bonsai-Kunst

Die Wiege des Bonsai stand vor über tausend Jahren in China. Die beiden Schriftzeichen sind dieselben wie in Japan, der Chinese liest sie jedoch als PEN-JING.
Die Entstehung dieser Kunst erklärt sich aus der Vorstellung, alle Erdenwesen, also Steine, Pflanzen, Tiere und der Mensch, würden in nahezu unendlicher Folge wiedergeboren. Die nächsthöhere Daseinsstufe soll man durch größt-

mögliche geistige Vervollkommnung erreichen. Die dazu notwendige innere Abgeklärtheit versucht man durch Meditation zu erlangen. Eine der möglichen Übungen ist die ruhige, stundenlange Betrachtung eines Baumes in der Natur. Wohl aus Platzgründen wurde daraus der Bonsai. Dieser Baum-in-der-Schale bot die zusätzliche Möglichkeit, verschiedene Baumarten und Wuchsformen zu sammeln.
Wie der Bonsai erfunden wurde: Gautama Siddharta, der Buddha, pflegte unter großen Bäumen zu meditieren und zu predigen. Diese Bäume wurden nach seinem Tod zu Wallfahrtsorten. Als sich diese Religion nach Osten ausbreitete, wurden dortige Baumheiligtümer ebenfalls zu Orten buddhistischer Verehrung.
Um das Jahr 60 n. Chr. trat der chinesische Hof zum Buddhismus über. Da der chinesische Adel dem Rummel der öffentlichen Wallfahrtsorte entgehen wollte, begann er, die »heiligen Bäume« und ganze Landschaften in seinen Privatparks nachgestalten zu lassen. Zu diesem Zweck mußten die Gärtner relativ junge Bäume pflanzen und zu verkleinerten Kopien der altehrwürdigen Vorbilder umgestalten. Da sich die chinesischen Palastdamen ab dem 11. Jahrhundert ihre Füße auf Puppengröße schnürten und damit nicht gehen konnten,

mußten sie zum Meditieren in den Park getragen werden. Ein pfiffiger Gärtner soll damals auf die Idee gekommen sein, den Baum zur Dame anstatt die Dame zum Baum zu tragen. Er nahm einen möglichst kleinen Baum und pflanzte ihn zum bequemen Transport in eine Schale. Der Penjing/Bonsai war geboren.
Für jedes Wetter den passenden Bonsai: Diese neue Kunst bot für die Meditation ungeahnte Möglichkeiten: In großen Sammlungen war es möglich, zu jeder Witterung, zu jeder Stimmung in der Natur einen passenden Baum bereitzuhalten: Knorrige Kiefern in windgepeitschter Form oder mit toten Ästen für die Zeit der Winterstürme, zierliche Ahornbäume und Blütenkirschen für milde Frühlingstage und so weiter.

Der Beginn japanischer Bonsai-Kunst

Um das Jahr 1200 brachten chinesische Gesandte die ersten Penjing nach Japan. Die japanischen Adligen waren von diesen, hier Bonsai genannten Topfbäumen begeistert. Beeinflußt vom Shintoismus gingen die japanischen Künstler ihre eigenen Wege.
Im Lauf der vergangenen 800 Jahre entwickelten sie nach der Natur eine Fülle verschiedener

Stilformen und besonderer Techniken, wie wir sie heute als japanische Bonsai kennen. Ein Bonsai soll möglichst alt und knorrig aussehen, als hätte er jahrhundertelang Wind und Wetter getrotzt. Die Krone wird locker gestaltet, so daß Äste und Stamm zum größeren Teil sichtbar bleiben. Der Wurzelansatz liegt frei wie bei einem Baum im Wald. Die zierliche Schale rundet das Gesamtbild harmonisch ab.

Im Freien oder in der Wohnung

<u>Freilandpflanzen:</u> In ihrer Heimat sind Bonsai prinzipiell Freilandpflanzen. Bei der Meditation sollte der kleine Baum den ihn betrachtenden Menschen in jene Stimmung versetzen, die zur momentanen Witterung paßt. In der Wohnung wurde jeweils nur ein einziger Baum für wenige Stunden oder Tage aufgestellt. Die Sammlung selbst stand, schon aus Platzgründen, im Freien. Heute ist die Bonsai-Gestaltung auch in Japan ein höchst weltliches Hobby, nur wenige Menschen nehmen sich noch die Zeit zum Meditieren.

<u>Zimmer-Bonsai:</u> Europäer haben eine andere Beziehung zu Pflanzen. Sie sind gewöhnt, Topfpflanzen das ganze Jahr über in der Wohnung zu kultivieren und im Garten die Bäume in der Erde wachsen zu lassen. Deshalb bevorzugt man hier für die Bonsai-Gestaltung Pflanzen, die das ganze Jahr über im Haus gehalten werden können, warme Heizungsluft nicht übelnehmen und allenfalls im Sommer ins Freie kommen. Das Material für Zimmer-Bonsai sind daher Gehölze aus tropischen und subtropischen Regionen, zum Beispiel aus Südjapan und -china, den tropischen Regenwäldern, den Trockensteppen Australiens und Afrikas oder dem Mittelmeergebiet. Diese Gehölze sind uns zum Teil seit langem als Zimmerpflanzen vertraut.

Kaskade (Kengai), Ulmus parvifolia, etwa 35 Jahre alt.

Regeln für die Gestaltung eines Bonsai

Für die Gestaltung eines Bonsai gelten bestimmte Harmonieregeln, die sich in der Jahrhunderte dauernden Geschichte der Bonsai-Kunst in Japan entwickelt haben.

Die Längenverhältnisse zwischen Krone und Stamm eines Baumes sind ebenso festgelegt wie der ideale Platz eines Bonsai in seiner Schale. Dasselbe gilt für die zahlenmäßige Anordnung einer Gruppenpflanzung.

Das Lo-Shu-Quadrat (→ rechts) gibt die wichtigsten Zahlen für die Proportionen bei der Bonsai-Gestaltung vor. Es bestimmt:

• den idealen Platz in der Schale. Die »5« im Zentrum des Lo-Shu-Quadrates gilt als Sitz der Götter. Der den Göttern nächste Platz sind demnach die Schnittpunkte der Randfelder mit der Mitte. Diese sind somit auch die idealen Pflanzpunkte für einen Bonsai in seiner Schale, nicht, – wie der Europäer denken würde – das Zentrum.

• die Längenverhältnisse. Auch zur Errechnung der idealen Proportionen eines Bonsai nutzt man das Lo-Shu-Quadrat, und zwar die mittlere Zahlenreihe: 7, 5, 3. So verhält sich die Gesamthöhe eines Baumes zur Krone und zur Stammhöhe wie 7:5:3. Bei-

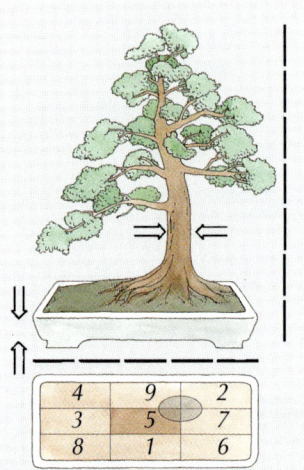

Das Lo-Shu-Quadrat

Ein in 9 gleiche Felder unterteiltes Zahlenquadrat symbolisiert die Mitte des Firmaments und die 8 Himmelsrichtungen; es ist ein Modell für die Harmonie des Kosmos.
Die Zahlen von 1 bis 9 stehen für bestimmte Eigenschaften der verschiedenen Himmelsgegenden. Die Summe aus jeder Zahlenreihe ergibt stets 15.
Mit Hilfe des Lo-Shu-Quadrats können Sie den idealen Platz in der Schale bestimmen, die Proportionen des Bonsai berechnen und eine Gruppe in Untergruppen aufteilen.

spiel: Bei einem Bäumchen von 21 cm Höhe müßte im Idealfall die Höhe der Krone 15 cm und die des Stammes 9 cm betragen.
Ebenso läßt sich die richtige Größe der Schale berechnen: Das Verhältnis von Kronendurchmesser beziehungsweise Baumhöhe zu Schalenlänge sollte 7:5 betragen. Ein Baum mit einer Höhe von etwa 28 cm sollte also in eine Schale von 20 cm Länge gepflanzt werden.

• die Anordnung von Gruppenpflanzungen. Auch hier gilt die Zahlenreihe 7, 5, 3.
So werden bei einer Pflanzung von acht Bäumen zwei Gruppen von fünf und drei Bäumen gebildet.
In einer Gruppe von 3 Bäumen könnten diese unterschiedliche Höhen im Verhältnis 7:5:3 haben, also zum Beispiel 35 cm, 25 cm, 15 cm.

Fibonacci-Sequenz: Die zweite wichtige Zahlenreihe in der Bonsai-Gestaltung ist die Fibonacci-Sequenz. Hier ergibt sich die nächste Zahl stets aus der Summe der beiden vorhergehenden: 1, 1, 2, 3, 5, 8, 13, 21, 34 und so weiter.
Drei Bäume pflanzt man demnach in zwei Gruppen zu ein und zwei Bäumen. Eine Gruppe von fünf Pflanzen würde man in je eine Gruppe von zwei und drei Exemplaren unterteilen.

Stilformen japanischer Bonsai

Als Meditationsobjekt sollte der Bonsai ursprünglich dazu dienen, sich bei seiner Betrachtung den Kräften der Natur nahe zu fühlen. Die verschiedenen Stilformen sind entweder natürlichen Vorbildern abgeschaut oder sie symbolisieren Naturkräfte.

<u>Kopien natürlicher Bäume:</u> Ein gut gestalteter Bonsai muß so aussehen, als könnte man ihn genau in dieser Form auch als großen Baum in der freien Natur finden. Wenn Sie einen Bonsai vor einer Landschaft betrachten und die Schale abdecken, dann sollte der Eindruck entstehen, der Baum wäre ein Teil davon. Einige Abstriche muß man allerdings machen: Weder hat ein Bonsai viele feine Zweige wie ein großer Baum, noch sind seine Blätter oder Nadeln so winzig, wie es dem verkleinerten Maßstab entsprechen würde. Ein Bonsai ist also keine genaue Kopie, sondern vielmehr die Abstraktion eines natürlichen Baumes.

Ein Bonsai wächst in einer flachen Schale oder einem hohen, schlanken Gefäß. Die flache Schale entspricht einer Felsplatte oder einer Wiese. Die hohen Gefäße, die man für Kaskaden verwendet, stehen für den Felsen, aus dem der Baum herausragt.

Zwei Versionen der Literatenform (Bunjingi), zwei Zypressen.

Halbkaskade (Han-Kengai), Celtis sinensis, etwa 50 Jahre alt.

Die wichtigsten Stilformen japanischer Bonsai werden nachfolgend vorgestellt. Genannt werden stets der deutsche und der japanische Name sowie die symbolische oder philosophische Bedeutung.

<u>Waldform (Yose-ue):</u> »Das Flüstern der Blätter – die Stille im Wald«.

• Vorbild: Bewaldete Insel, Gipfelplatte eines Felsens oder Feldgehölz in freier Landschaft. Am Rand der Gruppe tragen die Bäume Äste bis fast zum Boden. Bäume im Inneren haben kahle Stämme (die Äste sterben aus Lichtmangel ab) und tragen flache Kronen.

• Bonsai: Mindestens fünf Bäume werden nach dem Lo-Shu-Quadrat und der Fibonacci-Sequenz in unterschiedlichen Abständen und in einzelnen Gruppen gepflanzt. In Japan werden stets Bäume einer einzigen Art verwendet. Im »Mischwald« sollten Sie nur Bäume mit gleichen Pflegeansprüchen kombinieren.

<u>Zwillingsstamm (Sokan):</u> »Aus einer Wurzel streben wir zum Licht« (→ Foto, Seite 11).

• Vorbild: Weiden und Erlen an einem Bachlauf oder Schirmpinien am Mittelmeer können so wachsen: Zwei Samen haben dicht nebeneinander gekeimt. Da die Kronen der heranwachsenden Bäume allmählich immer mehr Platz benötigen, streben die Baumstämme auseinander.

• Bonsai: Dieses Arrangement wirkt sehr lebhaft. Um der Pflanzung Spannung zu verleihen, wählt man stets zwei Bäume unterschiedlicher Größe und Stammstärke. Der Japaner nennt diese Gruppen »Mann und Frau« (wenn der zweite Bonsai nur wenig zierlicher ist)oder auch »Mutter und Kind«.

Mein Tip: Sokan-Bäume werden in der Regel aus zwei einzelnen Bäumen gestaltet, die eng

zusammengepflanzt werden. Damit die beiden Stämme sich fast berühren, werden an der Paßstelle die Wurzelballen so weit aufgelockert, daß sie nach beiden Seiten gezogen werden können. Die beiden Bäume werden nun eng aneinandergestellt und mit einer Drahtschlinge, die am Stammansatz um beide Bäume geschlungen wird, fixiert. Entfernen Sie den Draht nach einem halben Jahr, er wächst sonst ein.

Streng aufrechte Form (Chokkan), Bauhinie.

Streng aufrechte Form (Chokkan): »Die Majestät« (→ Foto, Seite 10).

• Vorbild: Wenn ein Baum in der Weite eines Parks oder einer Viehweide von allen Seiten Licht erhält, dann wächst er langsam und behäbig in die Höhe, breitet seine Äste nach allen Seiten aus und wird zu einem prachtvollen Exemplar mit mächtiger Krone und dickem Stamm. Unter seiner Krone lagert das Vieh.

Zwillingsstamm (Sokan), Murraya paniculata, etwa 40 Jahre alt.

• Bonsai: Um das wuchtige Erscheinungsbild zu erhalten, verwendet man Bäume mit massigem Stammansatz. Das untere Stammdrittel bleibt frei von Ästen. Die bevorzugten Pflanzschalen haben schlichte, glatte Formen mit stabilen Füßen.

Frei aufrechte Form (Moyogi): »Der fröhliche Lebenskünstler« (→ Foto, Seite 12).

• Vorbild: In Europa zeigt die langsam wachsende Hainbuche oft diese Form. Wird sie von schneller wachsenden Baumnachbarn überflügelt, wächst die Hainbuche nach der Seite weiter, wo sie das meiste Licht erhält. So entsteht mit der Zeit ein Baum mit gewundenem Stamm, dem man ansieht, daß er sich den jeweiligen Lebensumständen anpaßt.

• Bonsai: Der Stamm schwingt sich in eleganten Windungen zum Licht. Der unterste dominierende Ast entspringt etwa nach dem ersten Drittel der Gesamthöhe. Der Gipfel steht senkrecht über dem Stammansatz.

Geneigter Stamm (Shakan): »Ich stürze noch lange nicht« (→ Foto, Seite 13)

• Vorbild: Vor allem an Bachläufen und Steilhängen kann man solche Bäume finden. Durch ein Naturereignis ist der Baum fast umgestürzt, hat sich jedoch auf halbem Weg halten können.

• Bonsai: Diese Gestaltungsform symbolisiert Überlebenswillen. Der untere Teil des Bonsai ist geneigt, im Extremfall liegt er auf der Erde auf. Die Spitze hat sich aufgerichtet und wächst senkrecht nach oben. Die äußeren Astpartien stehen waagerecht.

Mein Tip: Diese Form läßt sich gut aus Pflanzen gestalten, die einseitig zum Licht gewachsen sind. Zunächst pflanzt man sie so in ein größeres Gefäß um, daß der Gipfel senkrecht steht. Nun können die Äste mit Hilfe

Wurzelform (Neagari), Ficus-Art.

Frei aufrechte Form (Moyogi), Birkenfeige.

von Bonsai-Draht waagerecht gestellt und, falls nötig, eingekürzt werden. Anschließend stellt man den künftigen Bonsai hell, gießt und düngt ihn regelmäßig und kürzt die zu lang wachsenden Seitenzweige etwa alle 10 Wochen ein.

Nach etwa einem Jahr wird die Pflanzenkrone einem Bonsai ähnlich sein. Nun kann der Wurzelballen das erste Mal bearbeitet werden: Die Hälfte der alten Erde wird mit einem Hölzchen vorsichtig entfernt, die Wurzeln um ein Drittel eingekürzt und der Baum in ein großes, flaches Gefäß umgesetzt. Nach einem weiteren Jahr ist die Wurzel so kompakt, daß sie erneut eingekürzt und der Bonsai in seine endgültige Schale gepflanzt werden kann.

Besenform (Hokidachi): »Vollendete Harmonie in milder Luft« (→ Foto, Seite 23)
• Vorbild: In der Rhön gibt es jahrhundertealte Viehweiden, die wegen ihrer »Hutebuchen« heute unter Naturschutz stehen. Diese Buchen haben breite, regelmäßige Kronen (von Wind und Schnee geformt), die am unteren Rand wie abgeschnitten aussehen. Dort knabbern Kühe alle erreichbaren Zweige ab. Diese Buchen sind Paradebeispiele für die Besenform. Gut geschnittene Obstbäume und die typischen Bäume des tropischen Regenwalds entsprechen ebenfalls dieser Form.
• Bonsai: Die Äste der Krone streben nach allen Seiten.

Halbkaskade (Han-Kengai): »Am steilen Felsenhang bin ich zu Hause« (→ Foto, Seite 9)
• Vorbild: Auf Felsvorsprüngen im Gebirge kann man Büsche von Ginster, Schlehe, Sanddorn oder Latschenkiefer finden.

Geneigter Stamm (Shakan), Japanische Ulme.

Der magere Boden gestattet es nicht, daß diese Bäume kraftvoll in die Höhe wachsen, aber wenn die Möglichkeit besteht, wachsen sie mit einem Ast in den freien Luftraum hinaus.
• Bonsai: Diese Form symbolisiert trotzigen Überlebenswillen trotz widrigster Lebensumstände. Für die Halbkaskade wählt man ein hohes Gefäß und stellt den Bonsai auf ein Podest.
Kaskade (Kengai): »Eine Felsspalte genügt zum Überleben« (→Foto, Seite 7)
• Vorbild: In den südlichen Alpen krallen sich die Cotone-

sträucher in dieser Weise an die Kalkfelsen.
• Bonsai: Die Kaskade ist eine der wildesten Stilformen japanischer Bonsai-Kunst.
Sie soll so gestaltet sein, als würde der Baum seine Wurzel in die Spalte einer Felswand zwängen. Die schwache Krone hängt frei über der schwindelnden Tiefe, alle Zweige sind dem Licht waagerecht entgegengestreckt.
Mein Tip: Azaleen, die gut zur Halbkaskade geeignet sind, eignen sich jedoch nicht zur Kaskade.

Literatenform (Bunjingi):
»Tanz der Geisha im Frühlingswind« (→ Foto, Seite 9).
• Vorbild: In Japan wächst die Mädchenkiefer, in Europa die Föhre in dieser Form. Die filigranen, stark abstrahierten Baumdarstellungen auf japanischen Tuschezeichnungen erinnern an Schriftzeichen. Die Künstler, die diese herrlichen Bilder auf zartes Reispapier zaubern, heißen in der etwas mißglückten Übersetzung »Literaten«.
• Bonsai: Für diese äußerst künstlerische Stilform wählt man Bäume mit sehr schlanken Stämmen und setzt sie in relativ kleine runde oder vieleckige Schalen.
Wurzelform (Neagari): »Ebbe und Flut haben mich geformt« (→ Foto, Seite 12)
• Vorbild: Natürlich gewachsene Bäume dieser Form findet man in den Mangrovewäldern, wie sie an tropischen Stränden vorkommen. Bei Hochwasser sind diese Bäume meterhoch überspült, so daß nur noch die Krone aus dem Wasser ragt. Um im feinen Schlick nicht von der Brandung fortgerissen zu werden, bilden Mangrovenbäume ein dichtes Geflecht aus Stelzwurzeln aus.
• Bonsai: Zunächst zieht man den Baum in einem hohen Blumentopf, der nur im unteren Viertel Erde enthält, obenauf kommt Sand.

Praxis: Drahten und Gestalten

Mit einigem Geschick lassen sich ganz normale Topfpflanzen zu attraktiven Zimmer-Bonsai gestalten.

Empfehlenswerte Arten

Für den Anfänger geeignet sind raschwüchsige Pflanzen, die sich im Zimmer leicht pflegen lassen. Formfehler wächst ein solcher Baum in kurzer Zeit wieder zu, zur Not können Sie die Gestaltung mehrmals von Neuem beginnen. Geeignete Arten sind auf Seite 36 aufgeführt. Der erfahrene Pflanzenfreund kann praktisch alle in diesem Buch beschriebenen Arten (→ Seite 38 bis 59) aus Rohpflanzen selbst gestalten. Nur Gehölze mit hartem, brüchigem Holz (Zimmerazalee, Granatapfel, *Ficus benjamina* 'Wiandi') stellen besondere Anforderungen.

Einkaufsquellen

In gut geführten Gartencentern finden Sie regelmäßig kleinblättrige Birkenfeigen und andere *Ficus*-Arten, Orangenbäumchen und im Winter Zimmerazaleen. Unter den dort angebotenen Bonsai findet sich ebenfalls gutes Ausgangsmaterial, dessen Gestaltung lohnt.
Alle genannten Arten erhalten Sie als Rohware im Bonsai-Fachhandel. Größere Bonsai-Zentren versenden auch Pflanzen.
Mein Tip: Achten sie bei der Auswahl der Pflanze , die Sie gestalten wollen, vor allem auf zwei Dinge:
• Interessanter Stammverlauf und
• gute Verzweigung im Bereich der zukünftigen Krone.
Bedenken sie, daß Sie bei einer nicht vorgeschnittenen Topfpflanze wenigstens $^2/_3$ abschneiden müssen, um einen relativ kräftigen Stamm zu erhalten.

Bonsai-Gestaltung
Zeichnungen 1 und 2

Zur Bonsai-Gestaltung gibt es zwei wichtige Techniken: das Drahten und das Schneiden (→ PRAXIS Schneiden und Gestalten, Seite 18). Beide dienen dazu, eine Pflanze in die gewünschte Stilform (→ Stilformen, Seite 9 bis 13) zu bringen. Ein alter Baum hat seine Äste leicht nach unten geneigt. Außerdem zeigt die Krone keine größeren Lücken (→ Zeichnung 1). Bei einer Jungpflanze dagegen wachsen die Zweige steil nach oben (→ Zeichnung 2). Um die Vorstellung des alten Baumes in einer nur wenige Jahre alten

1 *Der alte Baum*, bei dem sich die Äste nach unten neigen, ist Vorbild für den Bonsai.

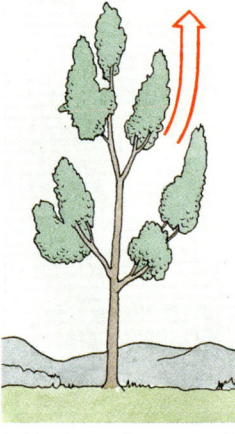

2 *Der junge Baum* streckt sich noch zum Licht.

Topfpflanze zu erreichen, werden die Äste mit Bonsai-Draht flach umwickelt und entsprechend dem Idealbild ausgerichtet.

Drahten
Zeichnungen 3 a bis d

Bevor Sie sich an einer lebenden Pflanze versuchen, sollten Sie das Drahten an abgeschnittenen Zweigen üben, bis Sie weder die Rinde beschädigen noch Zweige abknicken.
• Der Draht (verkupferter oder braun eloxierter Aluminiumdraht) sollte $1/4$ bis $1/3$ der Aststärke haben.
• Beginnen Sie mit 2 bis 3 flachen Windungen um den Stamm (Winkel etwa 45°), das gibt den besten Halt.
• Führen Sie den Draht von oben durch die Astgabel und wickeln Sie ihn anschließend weiter um den Seitenast (→ Zeichnungen 3 a und b).
• Achten Sie darauf, daß Sie keine Blätter oder feinen Seitenzweige einklemmen, sie sterben sonst ab.
• Zwei benachbarte Äste können Sie mit

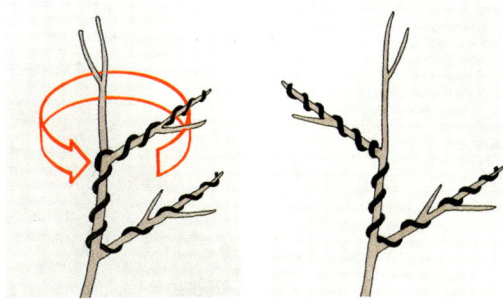

3 *Drahten: a Der Zweig läßt sich mit dem Draht drehen. b Die Verzweigung ist jetzt gleichmäßiger.*

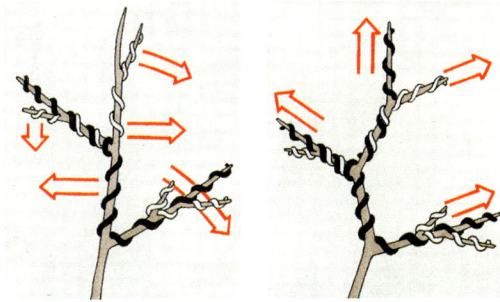

c *Mehrere Drähte legt man exakt parallel. d Jetzt hat die Krone eine natürliche Form.*

demselben Draht verstärken: Legen Sie die Mitte des Drahtes in 2 bis 3 Windungen um den Stamm. Führen Sie die Drahtenden jeweils um die beiden Äste (→ Zeichnung 3c).
• Mehrere Drähte werden stets parallel gelegt, nie über Kreuz. So wird der Saftstrom im Holz nicht gestört (→ Zeichnung 3d).

• Stamm und Äste können auch in sich verdreht werden. Fassen Sie dazu behutsam das Holz mit beiden Händen und drehen Sie vorsichtig in Richtung der Drahtwindung. Der Draht muß beim Verdrehen enger werden, sonst verliert er an Halt.
• Beim natürlich gewachsenen Baum ent-

springen Seitenäste stets an der Außenbiegung. Beim Bonsai wird deshalb der Stamm jeweils entgegen der Richtung der Seitenzweige gebogen.
• Entfernen Sie sämtliche Drähte nach einem halben Jahr wieder, sonst erhalten Sie unschöne Narben auf der Rinde.
Sollten die Zweige dann die neue Stellung noch nicht einhalten, drahten Sie nach 4 Wochen erneut.

Tips fürs Drahten

• Üben sie das Drahten immer wieder an abgeschnittenen Zweigen.
• Gehen Sie äußerst behutsam vor. Der Ast darf beim Biegen weder brechen noch einreißen.
• Steht der Zweig auf der ungewünschten Seite, verdrehen Sie besser den Stamm beziehungsweise Ast, anstatt dem Zweig einen unnatürlichen Bogen zu verpassen.
• Verändern Sie die Aststellung nur mäßig, nie gewaltsam. Ein guter Bonsai wirkt natürlich, nicht bizarr.

Ein Bonsai in zwei Stunden

Bonsai-Gestaltung ist eigentlich eine Kunst, die Zeit und viel Geduld erfordert. Trotzdem gibt es die Möglichkeit, bereits im Verlauf einer einzigen Gestaltung einen attraktiven Bonsai zu erhalten. Dazu bedarf es allerdings einiger Voraussetzungen:

• Die Ausgangspflanze sollte so gut verzweigt sein, daß sie schon nach der ersten Gestaltung eine einigermaßen dichte Krone besitzt.

• Außerdem muß die Pflanze so robust sein, daß man die Äste schneiden und drahten und die Wurzel umpflanzen kann.

• Aus diesem zweiten Grund sind nur Stilformen möglich, welche keine drastische Reduktion der Wurzel erfordern. Beispielsweise ist ein Bonsai im Literatenstil (→ Seite 13) in aller Regel nur in zwei Schritten möglich. Im ersten Schritt werden Krone und Stamm gestaltet. Der neu gestaltete Baum verbleibt für wenigstens zwei Monate in seinem bisherigen Gefäß. Wenn er deutlich neue Triebe gebildet hat und das erste Mal zurückgeschnitten werden kann, ist der frühestmögliche Termin, den Baum in seine endgültige, relativ kleine Schale zu verpflanzen und dabei die Wurzel entsprechend zu reduzieren. Da Zimmerazaleen mehrmals gestutzt werden, bevor sie in den Handel kommen,

sind diese kleinen Sträucher sehr gut verzweigt. Wir zeigen die Entwicklung einer Halbkaskade (→ Han-Kengai, Seite 12) aus einer Azaleenpyramide.

• Suchen Sie für diese Stilform eine Pflanze aus, die langgewachsen und auf einer Seite dicht verzweigt ist – diese Seite wird zur Oberseite des künftigen Bonsai.

Wählen Sie als Gefäß eine hohe Kengai-Schale aus, die so weit ist, daß der Wurzelballen bequem hineinpaßt. Da die Pflanze gedrahtet wird, darf man die Wurzel nur sehr mäßig beeinträchtigen. Die schwächer bestockte Seite der Pyramide wird zur (kahlen) Unterseite der Halbkaskade.

• Schneiden Sie alle Zweige ab, die in der zukünftigen Haltung senkrecht nach unten wachsen würden.

• Entfernen Sie an dem Erdballen vorsichtig die oberste, von Wurzeln freie Schicht.

• Pflanzen Sie nun die Azalee schräg in ihr neues Gefäß ein, dadurch braucht der Stamm später weniger verbogen zu werden. Stecken Sie einen genügend kräftigen Bonsai-Draht, dessen unteres Ende zu einer flachen Schlinge gebogen ist, durch das Wasserabzugsloch und den Wurzelballen, so daß er möglichst dicht am Stammansatz herauskommt. Dieser Draht soll etwa ein Drittel länger sein als die Gesamtlänge von Schale plus Azalee.

• Nun drahten Sie als erstes den Stamm. Gehen Sie beim anschließenden Biegen sehr behutsam vor, Azaleenholz ist spröde und bricht leicht.

• Biegen Sie die Spitze der Azalee nicht tiefer als die Schale reicht. Wird der Saftstrom zu sehr umgelenkt, kann der Gipfel dürr werden.

• Nun werden alle Seitenäste mit dünnerem Draht verstärkt und, falls notwendig, eingekürzt. Sie werden so gestellt, daß alle Zweigspitzen »zum Licht in der Felsenschlucht« weisen. Der Baum sollte seine Zweige möglichst breit ausladen, der Hauptstamm in der Draufsicht leicht geschwungen sein.

• Eine pyramidenförmige Zimmerazalee eignet sich neben der hier gezeigten Halbkaskade auch für die Stilform Geneigter Stamm (→ Shakan, Seite 11).

Mein Tip: Außer Azaleen lassen sich eine Reihe weiterer Zimmergehölze in kurzer Zeit zu einem ansehnlichen Bonsai gestalten: Das sind vor allem die beiden Zuchtformen der Birkenfeige *Ficus benjamina* 'Natasha' und 'Wiandi'. Achtung! *Ficus benjamina* 'Wiandi' verzweigt sich zwar wunderbar, sein Holz ist jedoch dermaßen brüchig, daß man die Äste kaum drahten kann.

Diese Halbkaskade (Han-Kengai) entstand in einer knappen Stunde aus der unten gezeigten Azaleenpyramide.

Tips fürs Gestalten von Azaleen

Azaleen treiben willig auch aus dem alten Holz aus, wenn Sie folgende Grundregeln beachten:

• Lassen Sie wenigstens noch ein Blatt stehen, dann ist der Saftstrom noch rege.

• Stülpen Sie eine durchsichtige Plastiktüte lose über den kräftig eingekürzten Strauch, durch die hohe Luftfeuchtigkeit vertrocknen die Zweige nicht so leicht.

• Azaleen benötigen eine Erde mit hohem Torfanteil; damit Sie besser gießen können, mischen Sie Tongranulat bei .

Die Azalee vor der Gestaltung.

Praxis: Schneiden und Gestalten

Schnitt und Drahten sind die wichtigsten Techniken bei der Bonsai-Gestaltung. Sie sind bei der Neugestaltung eines Bonsai ebenso nötig wie zur Erhaltung seiner idealen Form.

Regeln für den Schnitt

Einige Punkte sollten Sie beim Schneiden beachten:
• Lassen Sie sich Zeit zum Überlegen!
• Beim Einkürzen eines Baumes muß an der Spitze als Gipfeltrieb ein Zweig stehen, der nach oben zeigt.
• Die Seitenäste zeigen flach nach außen oder schräg nach unten.
• Die Vorderseite wird so locker gehalten, daß Teile des Stammes und der Astansätze gut zu erkennen sind; die Rückseite wird dicht gestaltet.

• Die Krone Ihres Bonsai darf nach dem Stutzen ein wenig »magerer« aussehen, als es dem Ideal entspricht.
• Gönnen Sie Ihren Bäumen nach jedem Schnitt wenigstens 8 Wochen Ruhe.
• Die Stellung von Knospen oder Blättern bestimmt die Wuchsrichtung der künftigen Triebe: Knospen in der Blattachsel wachsen genau im halben Winkel zwischen Blattstiel und Zweig heraus. Nur die vordersten zwei bis drei Blattknospen werden nach dem Schnitt austreiben.

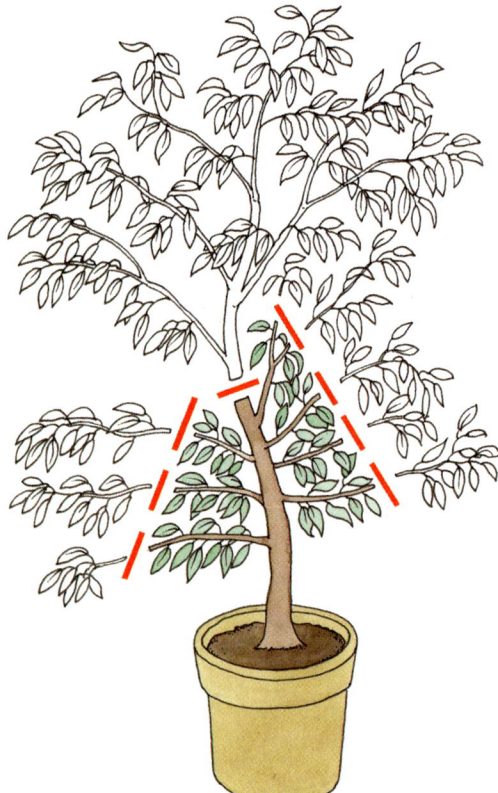

1 *Die Rohpflanze* kürzt man so ein, daß ein Nebenast zum Gipfel werden kann.

2 *Nach Rückschnitt* und Drahten.

3 *Einkürzen der Wurzel:* maximal zwei Drittel.

Steht das vorderste Blatt unter dem Zweig, wird der neue Trieb waagerecht oder schräg nach unten austreiben; steht es aber auf dem Ast, entwickelt sich daraus ein steil aufrechter Zweig. Aus einer seitlichen Blattachsel entwickelt sich ein Seitenzweig.

Schneiden Schritt für Schritt

So wird's gemacht:
• Den Gipfeltrieb festlegen, er sollte am stärksten sein und senkrecht nach oben streben.

4 *Der fertige Bonsai drei Jahre später.*

• Gipfeltrieb in der gewünschten Höhe einkürzen; oberhalb der letzten Verzweigung bleiben noch 3 bis 5 Blätter oder Knospen stehen. Die oberste Knospe sollte in jedem Fall nach oben zeigen.
• Die Krone zu einem unregelmäßigen Kegel stutzen. Die Seitenäste haben nun die richtige Länge.
• Seitenäste so ausformen, daß sie von oben ein unregelmäßiges Dreieck bilden.
• Das vorderste Blatt an den Seitenzweigen sollte nach unten zeigen, damit die Folgezweige flach herauswachsen.
• Senkrecht nach oben stehende Seitenzweige auf 1 bis 3 Blätter oder Knospen einkürzen. So erhält der Ast später dichte Blattpolster.
• Stehen zwei größere Äste zu dicht, den entfernen, der in der Silhouette die kleinere Lücke aufreißt.
• Schnittwunden ab Bleistiftstärke verheilen rascher, wenn man sie mit Wundpaste verschließt.
• Nach dem Schnitt sollte der Aufbau der Krone klar erkennbar

5 *Schnitt des Gipfeltriebs:* a *Bei Ficus läßt man ein Aststück stehen.* b *Trockene Stümpfe werden entfernt.*

sein, und jeder Ast frei stehen.
Mein Tip: *Ficus* und Euphorbien enthalten Milchsaft, der aus allen Schnittwunden tropft. Dieser Saft gerinnt in Wasser und bei Temperaturen oberhalb 60 °C. Übersprühen Sie die tropfenden Pflanzen nach dem Schneiden mit klarem Wasser. Bei großen Bonsai können Sie auch den Saft an den Schnittstellen mit der Flamme eines Feuerzeuges (höchstens zwei Sekunden lang) zum Gerinnen bringen.

Gestaltung einer Birkenfeige
Zeichnungen 1 bis 5

Eine gut 1 m hohe Birkenfeige mit fingerdik-

kem Stamm wird zu einem etwa 30 cm hohen Bonsai im streng aufrechten Stil (Chokkan) umgestaltet.
• Stamm über einem Seitenast abschneiden. Dieser Seitenast wird der neue Gipfel (→ Zeichnung 1).
• Verbliebene Äste zu einer schlanken Pyramide einkürzen.
• Dann Zweige drahten und in Form bringen (→ Zeichnung 2).
• Umpflanzen, wenn der Baum durchgetrieben hat.
• Erde herausschütteln, Wurzel höchstens auf ein Drittel kürzen (→ Zeichnung 3).
• Verkleinerte Wurzel mit einer leichten Erdmischung in die Bonsaischale pflanzen (→ Zeichnung 4).

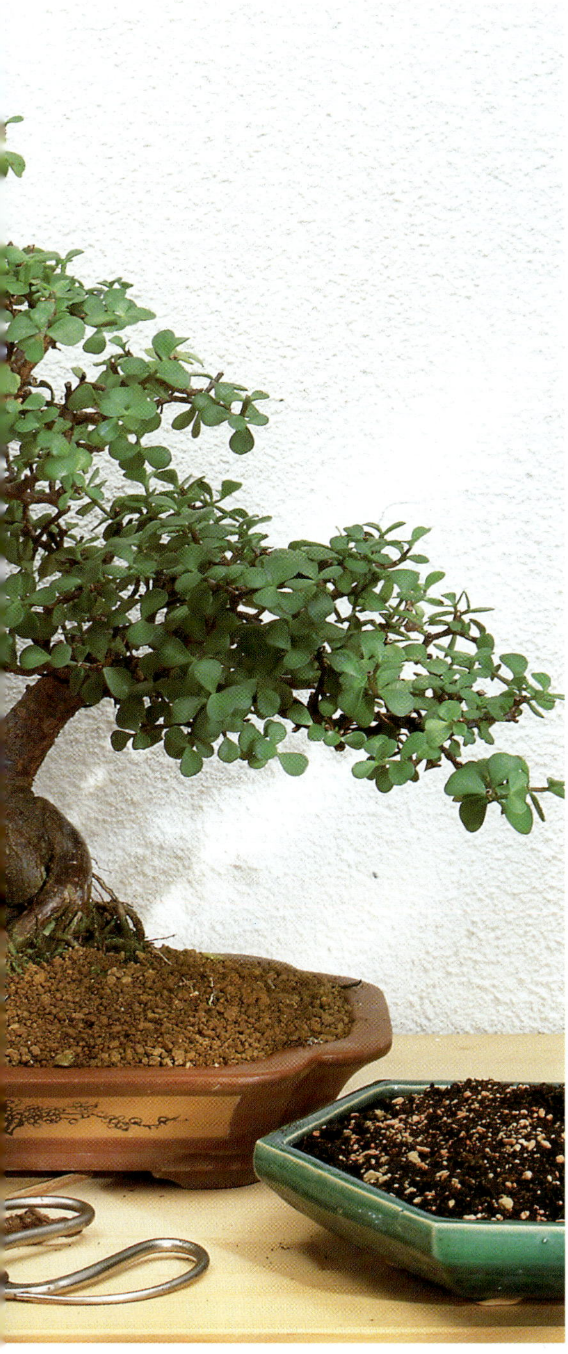

Kauf, Standort, Pflege

So gedeiht Ihr Bonsai

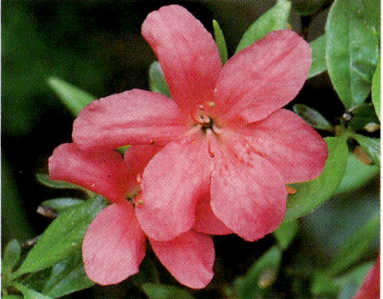

Ein prächtig gedeihendes Bäumchen, das ein Abbild eines mächtigen Baumes zu sein scheint, ist der Stolz eines jeden Bonsai-Liebhabers. Ihre Pflege entscheidet, ob Ihre Pflanzen über viele Jahre gesund und attraktiv bleiben. Unsere Tips für den Kauf, die Wahl des Standorts und vor allem die Pflege Ihres Bonsai helfen Ihnen zum Erfolg.

Oben: Jede Blüte eine Schönheit – rosafarbene Azalee.
Links: Bonsai erfordern regelmäßige Pflege; ohne Umtopfen und einen Rückschnitt der neuen Triebe geht es nicht.

Die Heimat bestimmt den Standort

Zimmer-Bonsai stammen aus den warmen Regionen unserer Erde, die sich grob in 4 Klimazonen unterteilen lassen:
• Tropen (viele *Ficus*-Arten),
• Subtropen (zum Beispiel *Serissa*, *Ehretia*),
• Mittelmeerklima (Myrte, Granatapfel),
• Trockensteppen (alle Sukkulenten).
Die unterschiedlichen Gegebenheiten in der jeweiligen Heimat der Gehölze bestimmen die Standort-Ansprüche des Bonsai in Ihrer Wohnung. Prüfen Sie deshalb schon vor dem Kauf, ob Sie dem gewünschten Bonsai den geeigneten Standort bieten oder durch entsprechende Maßnahmen (→ künstliches Licht, Seite 23) schaffen können.
Südfenster: Im Winter ist ein helles Südfenster für alle Zimmer-Bonsai ideal. Im Sommer aber, wenn über Mittag die pralle Sonne auf die Scheiben trifft, kann es dort so heiß werden, daß die Pflanzen verbrennen. Dann muß für Schatten gesorgt werden: mit einer Markise, einer Außenjalousie oder einem hellen, dichten Vorhang zwischen Scheibe und Pflanze.
Nord- und Ostfenster: Hier fühlen sich schattenverträgliche Tropenpflanzen wohl. Die Temperatur darf allerdings nie unter 18°C sinken.

Westfenster: Subtropische und mediterrane Pflanzen sind hier während des Sommers ideal untergebracht.
Hinweis: In den individuellen Pflegeanleitungen (→ Seite 38 bis 59) finden Sie präzise Angaben zum Standort.

Ans Winterquartier denken

Einige Zimmer-Bonsai wie Fuchsie und Granatapfel werfen im Winter die Blätter ab. Im warmen Zimmer fehlt ihnen die Winterruhe, sie kümmern. Für laubabwerfende Zimmer-Bonsai brauchen Sie deshalb ein Winterquartier, das eine Temperatur von etwa 3 bis 10°C hat.
Da diese Pflanzen im entlaubten Zustand kein Licht benötigen, können sie von Mitte November bis Ende Februar in einem dunklen, genügend kühlen Keller überwintert werden. Die Erde darf in dieser Zeit nie austrocknen. Ab März holen Sie die Pflanzen wieder ans Licht. Während der ersten vier Wochen sollte die Temperatur 15 bis 18°C nicht überschreiten.

Gesunde Pflanzen kaufen

Eine gesunde, ausreichend ernährte Pflanze hat fleckenloses, intensiv grünes Laub. Verfärbungen oder eingerollte

Blattränder, kümmerlicher Neuaustrieb oder glänzender Belag auf den Blättern deutet auf Schädlingsbefall oder Mangelerscheinungen hin (→ Seite 28 bis 31).
7 Tips für den Kauf:
• Achten Sie auf Qualität. Haben Sie noch keine Erfahrung mit Zimmer-Bonsai, so wenden Sie sich am besten an eine Bonsai-Gärtnerei. Hier finden Sie schöne, preisgünstige Jungpflanzen, die von einem erfahrenen Bonsai-Gärtner ihre erste Gestaltung erhalten haben und in einer soliden Bonsai-Schale sitzen.
Beim Kauf in Gartencentern oder Blumengeschäften sollten Sie die folgenden Tips besonders beherzigen.
• Prüfen Sie, ob der Bonsai entsprechend den Stilregeln (→ Seite 9 bis 13) gestaltet ist. Sehr preiswerte Bonsai sollten Sie besonders kritisch anschauen. Bei diesen Billigbonsai handelt es sich oft um planlos gestutzte Jungpflanzen. Das richtige Ausschneiden der meist dichten, zur Kugel geformten Krone ist für den Laien kaum möglich.
• Die Erde soll körnig sein, so daß Luft und Gießwasser gut eindringen können. Billigbonsai sind oft in Einheitserde gesetzt, die für Bonsai ungeeignet ist. Die falsche Erde muß in mehreren Schritten gegen Bonsai-Erde ausgetauscht werden. Vorsicht, selbst gut gestaltete

Bonsai, die aus China oder Japan importiert sind, werden im Ursprungsland gerne in blanken Lehm gepflanzt. Dieser läßt sich kaum gießen, und die Wurzeln drohen zu ersticken. Den Lehm müssen Sie in 2 bis 3 Schritten gegen Bonsai-Erde austauschen.

• Achten Sie darauf, daß der Bonsai fest im Substrat sitzt.

• Die Pflanze muß fleckenloses Laub und einen gesunden Neuaustrieb haben.

• Der Bonsai sollte in einer hartgebrannten, zur Gestalt des Baumes passenden Bonsai-Schale wachsen (→ Seite 33).

• Vergewissern Sie sich, daß Sie auch wirklich einen Zimmer-Bonsai und nicht etwa einen Freiland-Bonsai erwerben. (Attraktive Zimmer-Bonsai sind auf den Seiten 38 bis 59 vorgestellt).

Mehr Licht für dunkle Ecken

Wenn Sie Ihren Bonsai mitten im Zimmer oder an einer Innenwand aufstellen wollen, benötigen Sie eine künstliche Lichtquelle mit ausreichender Leistung. Der Handel bietet eine ganze Palette spezieller Pflanzenleuchten an. Für welche Leuchte Sie sich entscheiden, ist mehr eine Frage Ihres persönlichen Geschmacks und der Summe, die Sie ausgeben wollen.

Besenform (Hokidachi), Birkenfeige (Ficus benjamina).

Pflanzen benötigen helles, sonnenähnliches, also leicht gelbliches Licht während 12 bis 14 Stunden täglich. Ob das Licht ausreicht, sehen Sie nach spätestens 4 Wochen: Ist der Neuaustrieb dunkelgrün, ist alles in Ordnung. Hellgrüner, vergeilter Neuaustrieb – extrem lange, schwache Triebe – ist ein sicheres Zeichen für Lichtmangel.

Quecksilberdampflampe: Diese Pendelleuchten eignen sich für einzelstehende Pflanzen sehr gut, sind aber relativ teuer. Sie erzeugen bei wenig Stromverbrauch ein sehr helles Licht.

Leuchtstoffröhre: Eine preiswerte Alternative sind Leuchtstoffröhren. Ideal sind Kombinationen von einer Röhre »Tageslicht Weiß« mit einer Röhre »Warmton de Luxe« oder auch eine »Weiß« und zwei »Warmton«. Diese Leuchten eignen sich zur Ausleuchtung einer Nische, einer Vitrine oder eines dunklen Fensters.

Achtung: Ausgebrannte Quecksilberdampflampen und Leuchtstoffröhren gehören in den Sondermüll.

Eine Schaltuhr regelt die Brenndauer: Pflanzen haben einen sehr genauen inneren Rhythmus. Deshalb sollte die Zusatzbeleuchtung jeden Tag zur gleichen Zeit angehen und verlöschen. Dies läßt sich mit einer Zeitschaltuhr problemlos erreichen.

Luftfeuchtigkeit erhöhen

Besonders in den Wintermonaten leiden viele Zimmer-Bonsai unter der viel zu trockenen Heizungsluft. Vor allem die klassischen Indoor-Bonsai wie *Serissa, Malpighia* und *Ehretia*, die aus subtropischen Gebieten stammen, sind hiervon betroffen.

So können Sie Abhilfe schaffen:
Tablett mit Kiesfüllung: Stellen Sie Ihre Bonsai auf möglichst große Tabletts, die mit kalkfreiem Kies oder Tongranulat gefüllt sind. Halten Sie diesen Kies ständig feucht. Das verdunstende Wasser erzeugt ein günstigeres Klima.

Bonsai-Terrarium: Eine wesentlich höhere Luftfeuchtigkeit erzielen Sie, wenn die Bonsai in einem halb oder ganz geschlossenen Kulturraum stehen. Für einen kleinen Bonsai eignet sich ein Nur-Glas-Aquarium oder ein großes Goldfischglas. Für mehrere tropische Bonsai können Sie sich vom Glaser ein vorne offenes Terrarium anfertigen lassen. Ideal ist eine geschlossene Glasvitrine. Auf das Dach der Vitrine können Sie als Zusatzbeleuchtung eine leistungsstarke Aquarienlampe legen.

Die tägliche Zwiesprache

Das Geheimnis erfolgreicher Zimmergärtner ist das aufmerksame Beobachten der Pflanzen und die Fähigkeit, die feinen Signale, mit denen eine Pflanze ihren Gesundheitszustand mitteilt, zu erkennen. Bonsai sind ganz normale Pflanzen. Sie sind weder auf Zwergwuchs gezüchtete und entsprechend empfindliche Gewächse noch sind sie Hunger- oder Krüppelformen, die besonders anfällig gegen Krankheiten und heikel in der Pflege wären.

Die Blätter oder Nadeln sind die wichtigsten Signalflächen, mit deren Hilfe eine Pflanze ihren augenblicklichen Zustand mitteilt. Ihre Farbe variiert von sattem Grün (sehr gesund) über Blaßgrün (leicht angeschlagen), graustichige Grüntöne (von einer Krankheit befallen) bis zu schwarz angehauchtem Grün (kaum mehr zu retten). Auch die Stellung von Blättern und Nadeln gibt Hinweise auf den Zustand einer Pflanze: Bei strotzender Gesundheit stehen sie straff an den Zweigen. Das erste, untrügliche Anzeichen eines Pflegefehlers oder einer beginnenden Krankheit ist, wenn die Blätter ein wenig schlapp herunterhängen. Bei Nadelbäumen sind die Nadeln in diesem Fall leicht eingekrümmt.

Täglich 5 Sekunden Zeit sollten Sie Ihren Bonsai schenken, um sich über ihren Pflegezustand zu informieren:
• Hat sich die Farbe der Blätter verändert?
• Stehen Blätter oder Nadeln straff an den Zweigen?

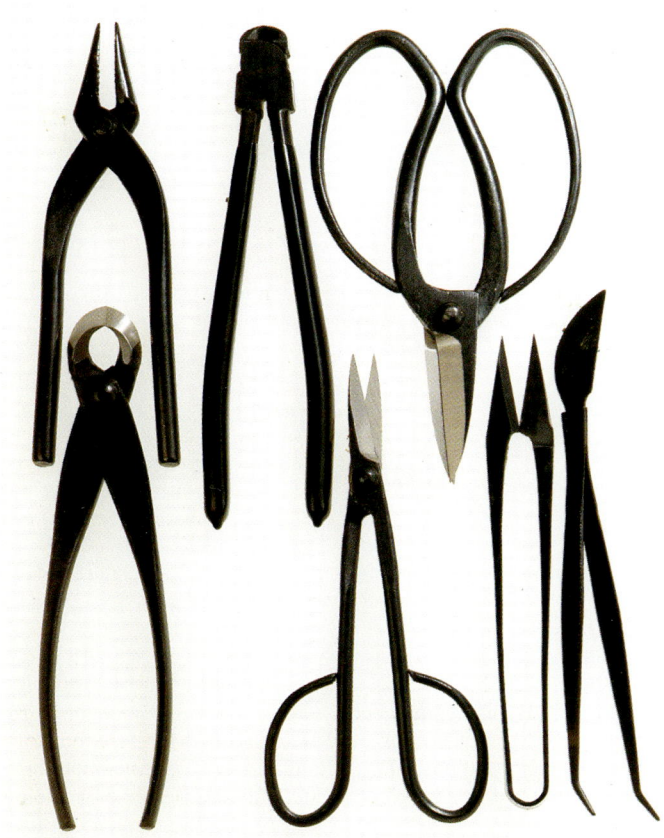

Die wichtigsten Werkzeuge für die Bonsai-Gestaltung.

Die flachen, wasserdichten Pflanzschalen haben große Wasserabzugslöcher, die vor dem Einpflanzen mit passenden Netzchen abgedeckt werden.

Zum Schneiden der Äste und Zweige gibt es spezielle Geräte: Scharf geschliffene Scheren für glatten Schnitt und Zangen mit scharf schneidenden Backen, um Äste direkt am Stamm zu entfernen. Zum Lösen des dichten Wurzelfilzes wird ein Eisenhaken oder ein angespitztes Hölzchen verwendet.

Zum Wässern wurden langhalsige Gießkannen mit feinster Brause entwickelt, die jedoch nur im Freien benutzt werden können.

Die Zangen zum Schneiden und Abwickeln des Formdrahtes entsprechen den europäischen Werkzeugen Seitenschneider und Flachzange.

Mein Tip: Mit dem Wurzelhaken sollten Sie vorsichtig umgehen, damit keine Wurzeln beschädigt werden.

Die Werkzeuge auf dem Foto: Obere Reihe: Entdrahtungszange zum Abwickeln, Drahtzange zum Abschneiden des Bonsai-Drahtes, Bonsai-Schere für Äste und Zweige. Untere Reihe: Konkavzange, um Äste direkt am Stamm zu entfernen, kleine Bonsai-Schere für feinste Zweige, Blattschneider, Pinzette zum Auszupfen feiner Triebe.

• Sind Flecken oder Verfärbungen an Blättern oder Zweigen zu sehen (Schädlingsbefall)?
• Fühlt sich die Erde feucht an, oder ist sie trocken?
Erst nach dieser Zwiesprache entscheiden Sie, ob Sie zu Gießkanne, Düngerflasche oder Pflanzenschutzmittel greifen.

Das richtige Werkzeug zur Bonsai-Pflege

Die chinesischen und japanischen Bonsai-Gärtner haben während der vergangenen tausend Jahre eine Reihe von speziellen Techniken und Geräten entwickelt:

Praxis: Gießen, Düngen

Bonsai wachsen aus Gründen der Ästhetik in verhältnismäßig kleinen Gefäßen. Deshalb müssen sie öfter gegossen werden als normale Topfpflanzen. Außerdem fehlt ein »Gießrand«; die Erde wird sogar leicht angehäuselt, um den Wuchs in der Natur nachzuahmen. Sie können daher nicht einfach »Wasser einfüllen« wie beim Blumentopf, sonst wird die Erde abgeschwemmt.

Gießen mit der Kanne
Zeichnungen 1 und 2

Trockene Erde nimmt ungern Wasser auf, sie muß angefeuchtet werden.
• Feuchten Sie zunächst die Erdoberfläche mit einer kleinen Pflanzenspritze gründlich an (→ Zeichnung 1).
• Die feuchte Erde läßt das Wasser aus der Gießkanne eindringen. Gießen Sie in mehre-

3 Die bequemste Gießmethode: Dochte saugen das Wasser aus der Schale zu den Wurzeln.

ren Schüben, bis überschüssiges Wasser aus den Abzugslöchern tropft (→ Zeichnung 2).

Dochtbewässerung
Zeichnung 3

Diese Einrichtung erleichtert das Gießen erheblich.
So müssen Sie dafür vorgehen:
• Stellen Sie die Bonsai-Schale auf ein Tablett, das mit einer Kiesschicht und mit Wasser gefüllt ist.

• Mit einer kräftigen Häkelnadel werden Zeltschnüre durch den Wurzelballen und durch die Wasserabzugslöcher gezogen.
• Die Enden dieser Dochte hängen im untergestellten Tablett ins Wasser.
Mein Tip: Das Tablett muß mit grobem, kalkfreiem Kies, Blähton oder ähnlichem gefüllt sein. Die Bonsai-Schale selbst darf nicht im Wasser stehen, sonst könnten die Wurzeln faulen.

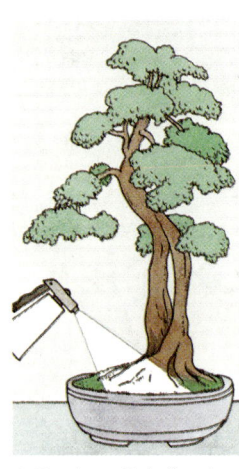

1 Trockene Erde feuchtet man zunächst an.

2 Feuchte Erde läßt sich normal gießen.

Diese Methode ist auch zur Ferienbewässerung geeignet, da über Dochte gewässerte Bonsai nur alle 8 bis 10 Tage gegossen werden müssen.

Spezielle Bonsai-Kannen
Zeichnung 4

Die in Ostasien speziell für Bonsai entwickelten Gießkannen haben so feine Brausen, daß die winzigen Tropfen auch von trockener Erde aufgenommen werden. Da dies nicht ohne »Überschwemmung« abgeht, sind sie nur fürs Freie geeignet.

Wöchentliches Tauchbad
Zeichnung 5

Um sicher zu sein, daß Ihre Bonsai genügend Wasser erhalten, können Sie sie einmal wöchentlich für einige Stunden oder über Nacht in flaches Wasser stellen (→ Seite 31). Zwischen zwei Tauchbädern wird bei Bedarf normal gegossen.

Düngen der Zimmer-Bonsai

Fertige Bonsai-Erde enthält eine gewisse Menge an Vorratsdünger. Deshalb braucht ein frisch umgepflanzter Bonsai die ersten 1 bis 2 Monate nicht gedüngt zu werden. Erst danach regelmäßig, aber mäßig düngen. Flüssigdünger: Der Bonsai-Fachhandel bietet einen speziellen, organischen Flüssigdünger an, der geruchsfrei ist. Dieser Dünger wird ab und zu dem Gießwasser beigemengt.
• Normale Flüssigdünger auf organischer Basis sind eher fürs Freie geeignet, zum Beispiel im Sommer auf dem Balkon.
• Flüssigdünger lassen sich besser dosieren als Dünger in Pulverform.

Düngetips

Folgendes sollten Sie beim Düngen beachten:
• Düngen Sie Ihre Zimmer-Bonsai im Sommer etwa alle 2, im lichtarmen Winter nur alle 4 bis 6 Wochen.
• Handelsübliche Dünger, die nicht speziell für Bonsai eingestellt sind, sollten höchstens mit der halben Konzentration verwendet werden.
• Bei pulverförmigen Düngern kann leicht »zu viel« gegeben werden, die Wurzeln können dabei Schaden nehmen.

4 *Die feine Brause* sorgt für Überschwemmung. Sie ist nur im Freien zu empfehlen.

5 *Tauchbad:* Zum gründlichen Wässern stellt man den Bonsai für ein paar Stunden ins Wasser.

Tierische Schädlinge

Nicht alle Pflanzensauger sind Insekten. Die tierischen Schädlinge an Zierpflanzen stammen aus zwei Tiergruppen: Insekten und Milben. Um sie erfolgreich bekämpfen zu können, muß man wissen, daß die Körperfunktionen dieser Tiere verschieden sind:
Während Insekten in Seifenwasser ertrinken, überleben Milben darin tagelang. Dagegen ist die Haut der staubkorngroßen Milben so zart, daß normaler Alkohol schon in geringen Konzentrationen tödlich ist.

Pilzkrankheiten

Auch Schadpilze, vor allem Mehltau und Grauschimmel, können Zimmer-Bonsai befallen. Pilze fühlen sich aber nur in feuchtem Klima wohl. In der Wohnung treten sie deshalb kaum auf.
Nur wenn Sie eine größere Pflanzensammlung in einem Gewächshaus halten oder empfindliche Pflanzen im Winter in einer geschlossenen Vitrine kultivieren, kann Pilzbefall Probleme bereiten. Da Pilzkrankheiten ansteckend sind sollten Sie befallene Pflanzen isolieren.

Blattlaus

Woll- oder Schmierlaus

Schildlaus

Die wichtigsten Schädlinge und Krankheiten

Gute Chancen gegen Schädlinge haben Sie, wenn Sie auf erste Anzeichen achten und sie mit milden Mitteln bekämpfen.
Blattlaus (→ Foto links oben): Bis stecknadelkopfgroße, grüne oder schwarze Insekten. Geflügelte und flügellose Tiere kommen gemeinsam vor. Erstes Anzeichen ist ein glänzendklebriger Überzug auf den Blättern und den jungen Trieben.
• Ursache: zu warmer und trockener Standort.
• Bekämpfung: Seifenlösung (Spritzen oder Ertränken), Spritzen mit Alkohollösung.
Woll- oder Schmierlaus (→ Foto links Mitte): Erste Anzeichen sind watteähnliche Wachsausscheidungen in den Blattachseln. Darin verborgen sitzen die Jungtiere. Erwachsene Wolläuse sind platte, hellrosa, bis zu 5 mm lange Insekten.
• Ursache: Trockene Luft, Nährstoffmangel.
• Bekämpfung: Ertränken in Seifenlösung, Abtupfen mit Spiritus. Pflanze häufiger abbrausen.
Schildlaus (→ Foto links unten): Nur die winzigen (0,3 mm) Larven und die ebenso winzigen Männchen sind beweglich. Reife Weibchen sind als braune, festsitzende Pusteln auf Blättern und Zweigen erkennbar. Erstes Anzeichen ist Honigtau auf den Blättern.

• Ursache: Nährstoffmangel, zu warmer, trockener Standort.

• Bekämpfung: Ertränken in Seifenlösung, Abreiben und anschließend mit Spiritus betupfen.

<u>Weiße Fliege</u> (→ Foto rechts oben): Die Larven sind 1 mm lang, grün und unbeweglich. Geschlechtsreife Tiere ähneln winzigen, weißen Schmetterlingen. Bei Berührung der Pflanze fliegen sie auf. Erstes Anzeichen: ein klebriger Überzug (Honigtau) auf den Blättern.

• Ursache: Stickstoffüberdüngung, zu trockene Luft.

• Bekämpfung: Ertränken in Seifenlösung, Gelbtafeln (klebrige Oberfläche) aufhängen; öfter abbrausen.

<u>Rote Spinne</u> (→ Foto rechts Mitte): Diese winzige (0,1 bis 0,3 mm) Milbe ist auch mit einer Lupe nur schwer auszumachen. Den Befall erkennt man an fleckigen Verfärbungen der Blätter, auf der Unterseite ist ein feines Gespinst.

• Ursache: zu warmer und trockener Standort.

• Bekämpfung: Spritzen mit 25prozentigem Alkohol, Pflanzen öfter abbrausen, Raubmilben einsetzen.

<u>Mehltau</u> (→ Foto rechts unten): Die Erreger sind Pilze. Sie bilden einen weißen Überzug auf den Blättern. Zur Vorbeugung für trockenere Luft sorgen, pflanzen nicht mit Wasser besprühen.

Weiße Fliege

Rote Spinne

Mehltau

• Ursache: Befall mit Pilzsporen bei zu großer Feuchtigkeit.

• Bekämpfung: Spritzen mit Schachtelhalmtee oder Wasserglaslösung (→ Seite 30); befallene Blätter abzupfen.

Schädlingsbekämpfung ohne Gift

Im häuslichen Bereich sollten Sie grundsätzlich die Schädlingsbekämpfung zunächst mit Substanzen versuchen, die für den Menschen ungiftig sind. Erst wenn Sie damit keinen Erfolg haben, ist der Griff zu schärferen Mitteln zu überlegen. Die Verwendung von giftigen Pflanzenschutzmitteln sollten Sie allerdings dem Fachmann überlassen. Bringen Sie also Ihren von Schädlingen oder Krankheiten befallenen Zimmer-Bonsai zu einem Gärtner Ihres Vertrauens. Beachten Sie unbedingt folgende Vorsichtsregeln, wenn Sie eines der wenig giftigen Pflanzensprays verwenden:

• Lassen Sie sich ausführlich von einem Fachmann über die Anwendung beraten. Seit einiger Zeit muß es im Gartenfachhandel wenigstens einen Verkäufer geben, der über die Anwendung und die Gefahren von giftigen Pflanzenschutzmitteln Bescheid weiß.

• Verwenden Sie Pflanzensprays nicht in Wohnräumen, sondern bringen Sie befallene

Pflanze unbedingt zur Behandlung ins Freie oder in einen separaten Raum (Bad, Garage), in dem keine Lebensmittel gelagert sind und der anschließend ausreichend gelüftet werden kann.
• Schützen Sie sich durch Gummihandschuhe vor Hautkontakt.
Wichtig: Die nachfolgend genannten Methoden und Mittel zur Bekämpfung von Schädlingen und Krankheiten sind für den Menschen weitgehend ungefährlich (Einschränkungen sind angegeben). Natürlich ist ein sachgemäßer Umgang mit den genannten Mitteln und Lösungen nötig. Achten Sie unbedingt darauf, daß Kinder nicht an diese Mittel gelangen.

Seifenlösung

Seife und Geschirrspülmittel sind ungiftig. Trotzdem kann man mit ihrer Hilfe allen Insekten-Schädlingen zu Leibe rücken, indem man diese in Seifenlösung ertränkt. In blankem Wasser ertrinken Insekten nicht. Da ihr Chitinpanzer nicht benetzbar ist, bleibt ihr Körper beim Untertauchen von einer feinen Lufthülle umschlossen. Gibt man dem Wasser jedoch ein klein wenig Kern-, Schmierseife oder Geschirrspülmittel bei, kann das Wasser in ihre Atemröhren (Tracheen) eindringen.

• Füllen Sie einen großen Eimer randvoll mit Wasser und lösen Sie darin ein wenig Seife oder 2 bis 3 Spritzer Geschirrspülmittel auf (nicht mehr).
• Legen Sie über den Rand des gefüllten Eimers 2 Kochlöffel, Kleiderbügel oder ähnliches.
• Tauchen Sie nun den befallenen Bonsai kopfüber in die Lösung. Die Wurzel darf nicht mit der Seifenlösung in Berührung kommen, deshalb legen Sie den Wurzelballen auf die Kochlöffel. Die Baumkrone kann getrost 2 bis 3 Stunden (!) in der Lösung hängen.
• Nehmen Sie nach dieser Zeit den Bonsai aus der Lösung und lassen Sie ihn abtropfen.
• Am nächsten Tag überbrausen Sie ihn mit klarem Wasser. Wiederholen Sie diese Prozedur 2 bis 3mal im Abstand von 3 bis 5 Tagen.
Wirkt gegen: Insekten.
Mein Tip: Blattläuse lassen sich auch bekämpfen, indem man sie mit einer einprozentigen Schmierseifenlösung intensiv übersprüht (die Blätter müssen naß sein).

Wasserglas

Wasserglas (Kalium- oder Natriumsilikat) erhalten Sie in Apotheken und Drogerien.
• Stellen Sie zunächst eine Lösung in der Konzentration her, wie sie auf der Packung angegeben ist.

• Verdünnen Sie hiervon nochmals eine kleine Portion im Verhältnis 1:10 mit Wasser und spritzen Sie damit die befallenen Pflanzen.
Eine Verdünnung 1:10 läßt sich folgendermaßen herstellen: Nehmen Sie eine leere Literflasche und kleben Sie zunächst ein neues Etikett mit der Beschriftung »Wasserglas« darauf (Unfallschutz: Wasserglas ist kein Getränk!). Messen Sie mit einem Wein-Probierglas (0,1 l) oder mit einem Meßbecher 100 ml der Stammlösung in diese Flasche ab und füllen Sie mit Wasser auf 1 Liter auf.
Wirkt gegen: Mehltau und Grauschimmel.

Alkohol

Äthylalkohol ist ein schweres Zellgift. Deshalb kann man befallene Pflanzen nicht mit reinem Alkohol besprühen, die Blätter würden zerstört werden.
Verwenden Sie eine Lösung von 1 Teil Brennspiritus auf 3 Teile Wasser oder, um dem unangenehmen Geruch zu entgehen, den billigsten Schnaps (23 bis 28%ig), den Sie finden.
So wird's gemacht: Sprühen Sie die befallene Pflanze mit der Lösung ein, vor allem die Blattunterseiten (dort sitzen die Schädlinge mit Vorliebe).

Schädlinge

Lassen Sie den Alkohol ein-
wirken (eventuell den Bonsai
mit Plastikfolie abdecken).
Nach etwa einer Stunde die
Pflanze mit klarem Wasser
überbrausen. Diese Prozedur
sollte im Abstand von 3 bis
5 Tagen 3mal wiederholt werden.
Wirkt gegen: Insekten und
Milben.
Mein Tip: Gibt man einige
Spritzer Geschirrspülmittel
hinzu, dringt die Lösung auch
unter die Wachs- und Chitin-
schilde von Woll- und Schildläusen.

Ackerschachtelhalmtee

Dieser Tee ist ein altbekanntes
Hausmittel, mit dem man –
frühzeitig eingesetzt – Mehltau
und Grauschimmel wirkungs-
voll bekämpfen kann.
So wird's gemacht: Kochen
Sie eine gute Handvoll frischer
oder getrockneter Schachtel-
halmstauden 3 bis 5 Minuten
lang und lassen Sie den Sud
abkühlen. Filtrieren Sie die
Masse durch einen Kaffeefilter.
Mit diesem Tee die pilzbefal-
lene Pflanze unverdünnt übersprühen. Stellen Sie nach dieser

Behandlung den Bonsai hell,
aber nicht in die pralle Sonne.
Wirkt gegen: Mehltau und
Grauschimmel.

Rotenon und Pyrethrum

Derris ist ein tropischer
Schmetterlingsblütler, seine
Wurzel enthält das für Fische
und Insekten giftige Rotenon.
Pyrethrum-Präparate werden
aus einigen Chrysanthemen-
Arten gewonnen und enthalten
den Wirkstoff Pyrethrin, das
für Insekten, Spinnmilben
und Fische höchst giftig ist.
Im Fachhandel gibt es auch
Mischungen beider Wirkstoffe.
Achtung: Pyrethrin gilt als
ungiftig für Menschen und
Säugetiere, da es über den
Mund und die gesunde Haut
schlecht aufgenommen wird.
Es wirkt aber nach neuesten
Erkenntnissen auch für den
Menschen äußerst giftig, wenn
es das Nervensystem direkt
über das Blut oder beim Einat-
men erreicht. Vorsicht also bei
Verletzungen und Erkrankun-
gen der Haut, vor allem bei
Allergien. Nur mit Handschu-
hen und bei Windstille sprü-
hen. Noch bedenklicher sind
Insektizide mit Pyrethroiden,
das ist synthetisch nachgebau-
tes Pyrethrum.
Wirkt gegen: Blattläuse.

Zwillingsstamm (Sokan) in geneigter Stilform (Shakan).

Praxis: Umpflanzen

Pflanzen nehmen aus der Erde nicht nur Nährstoffe auf, sondern geben auch Schadstoffe an sie ab. Deshalb »verbraucht« sich die Erde im Pflanzgefäß mit der Zeit und muß ausgewechselt werden. Außerdem soll das Gefäß die richtige Proportion zum Bonsai haben (→ Lo-Shu-Quadrat, Seite 8).

Der richtige Zeitpunkt

Den Zeitpunkt, wann ein Umpflanzen notwendig ist, können Sie an zwei Merkmalen erkennen:
• Zwischen Erdballen und Gefäßwand hat sich ein dichter Wurzelfilz gebildet. Hat sich der Wurzelfilz bereits so stark entwickelt, daß er den Bonsai aus der Schale hebt, ist es höchste Zeit.
• Das Wachstum der Pflanze hat sich deutlich verringert.

Umpflanzen Schritt für Schritt

Zeichnungen 1 bis 5

Haben Sie festgestellt, daß Ihr Bonsai umgepflanzt werden muß, gehen Sie folgendermaßen vor:
• Lassen Sie vor dem Umpflanzen die Erde etwas abtrocknen, sie läßt sich dann viel leichter von den Wurzeln lösen.
• Nachdem Sie den Bonsai aus der Schale genommen haben,

reinigen Sie diese mit einem alten Pinsel oder einem trockenen Tuch. Eine Desinfektion mit scharfen Mitteln oder kochendem Wasser ist in der Regel unnötig. Kalkränder können problemlos mit Essig entfernt werden.
• Befestigen Sie ein Abdecknetzchen über den Wasserabzugslöchern (→ Zeichnung 5a und b).
• Aus dem verdichteten Wurzelballen wird mit einem spitzen Hölzchen $1/3$ bis $1/2$ herausgebrochen. Nicht mehr! (→ Zeichnung 1).
• Halten Sie den gelokkerten Wurzelballen in sein Gefäß und breiten

Sie die Wurzeln flach aus.
• Schneiden Sie mit einer kräftigen, sauberen Schere die überstehenden Wurzeln so weit ab, daß zwischen Wurzeln und Schalenrand etwa ein Fingerbreit frei bleibt (→ Zeichnung 2).
• Pflanzen Sie den Bonsai jetzt mit frischer Erde ein. Drücken Sie die Erde mit den Fingerspitzen gut zwischen die Wurzeln (→ Zeichnung 3). Der Wurzelansatz soll sichtbar sein.
• Steht der Baum nicht fest in der Schale, fixieren Sie die Stammbasis mit einem kräftigen Draht.

1 Wurzelfilz lockern: Dazu dient ein Holzstab.

2 Zu lange Wurzeln können Sie abschneiden.

3 Erde andrücken: Hohlräume ausfüllen.

• Damit sich die Erde fest an die freigelegten Wurzeln anschmiegen kann, stellen Sie die Schale mit dem frisch gepflanzten Baum für einige Stunden in ein Gefäß mit flachem Wasser (→ Zeichnung 4).

Wichtig: Das Wasser darf nicht über den Schalenrand stehen, sonst schwimmt die Erde davon.

• Der frisch gepflanzte Bonsai sollte die ersten zwei Wochen nicht in der prallen Sonne stehen. Die Spitzen der feinen Faserwurzel müssen erst neu wachsen.

4 Nach dem Umpflanzen wässert man gründlich.

Erdmischungen

Spezielle Bonsai-Erde gibt es zwar im Fachhandel, aber Sie können auch selbst Erdmischungen herstellen. Das brauchen Sie:
• Pikier- oder Azaleenerde (ist leicht sauer).
• Lehmgranulat (Acadama), im Bonsai-Handel.
• Bims- oder Lavakies (Körnung 1–5 mm) oder Tongranulat.
• Keinen Sand!
Folgende einfache Erdmischungen sind für die meisten Zimmer-Bonsai ausreichend:
• für fast alle Zimmerpflanzen: 5 Teile Pikiererde, 3 Teile Tongranulat.
• für Tropenbäume (alle *Ficus*-Arten): 6 Teile Pikiererde, 4 Teile Tongranulat.
• für Pflanzen der Trockensteppe, die besonders viel Luft an den Wurzeln wollen: 4 Teile Pikiererde, 4 Teile Tongranulat.

Die richtige Schale

Die Schale ist ein wichtiges Gestaltungselement. Form, Farbe und Material sollten

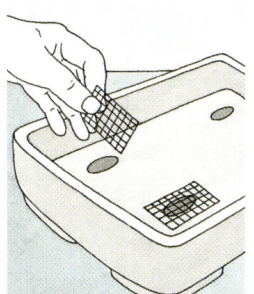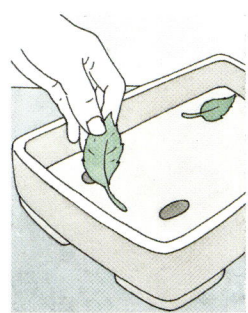

5 *Abzugslöcher abdecken:* a Mit einem Netzchen. b Zur Not tut es auch ein großes Blatt.

zur Stilform des Bonsai passen. Bonsai-Schalen sollen jahrzehntelang ihre Schönheit bewahren, deshalb werden sie bei hohen Temperaturen so hart und wasserfest gebrannt wie Porzellan oder Steinzeug. Gute Bonsai-Fachgeschäfte führen aus Japan importierte Schalen, bei denen Qualität und Ästhetik stimmen. In Europa hergestellte Bonsai-Gefäße sind zwar preiswert, aber wenig dauerhaft, da sie bei niedrigen Temperaturen gebrannt sind.

Mein Tip: Geben Sie für Zimmer-Bonsai glasierten Schalen den Vorzug. Sie setzen weniger leicht Kalk an und sehen in der Wohnung gefälliger aus.

Im allgemeinen verwendet man flache Schalen mit rechteckiger oder ovaler Grundfläche. Idealmaß: Schalenhöhe = Stammdurchmesser, Schalenlänge = $5/7$ der Baumhöhe. Ein Bonsai von 20 cm Stammhöhe bräuchte demnach eine Schale von etwa 14 cm.

Werden Bonsai in sehr flache Schalen eingepflanzt, sollte jeder einzelne Baum mit Bonsai-Draht in der Schale fixiert werden. In den hohen Gefäßen für Halbkaskade und Kaskade kann bei reichlichem Gießen Staunässe entstehen. Deshalb das untere Drittel mit Drainagematerial füllen.

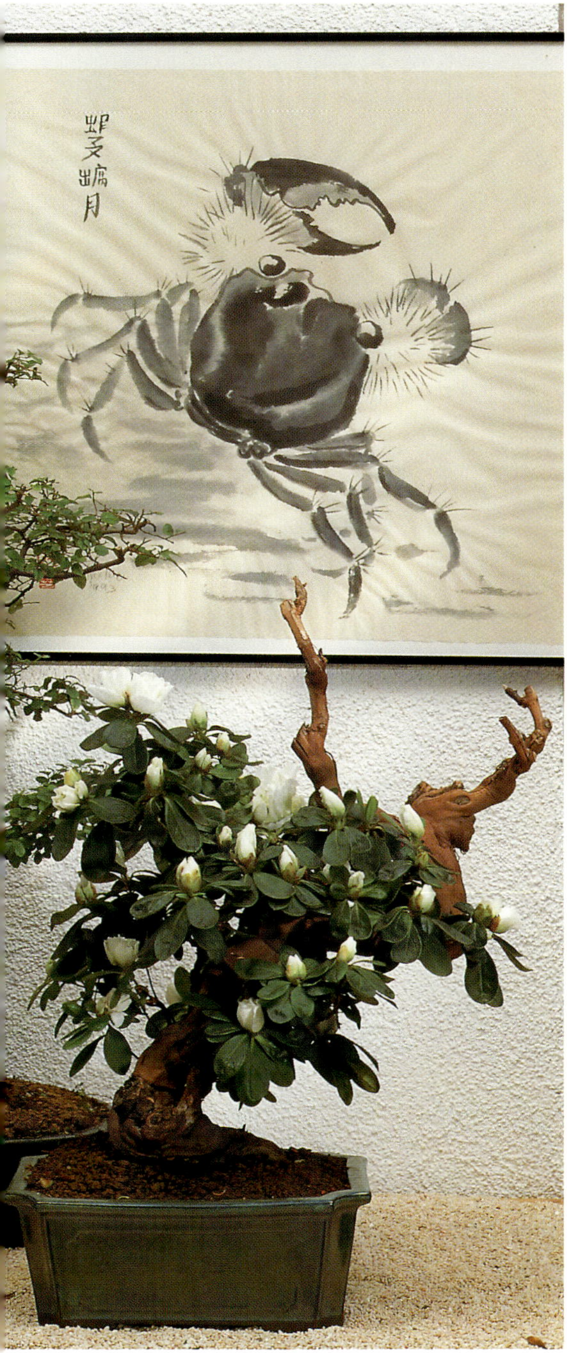

Die schönsten und geeignetsten Arten

Bonsai im Porträt

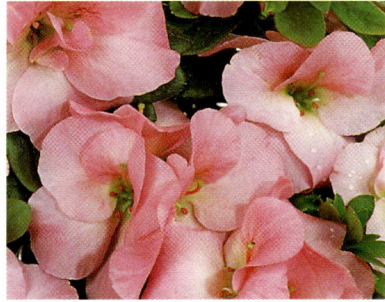

Im Handel gibt es viele herrliche Bonsai, die zum Kauf verlocken. Doch die schönste Pflanze fängt bald zu kümmern an, wenn sie im Zimmer steht und eigentlich ins Freie gehört. Um solche Fehler zu vermeiden, lernen Sie im folgenden Porträt-Teil Pflanzen kennen, die Ihnen als Zimmer-Bonsai viel Freude bereiten werden und eine Zierde für Ihre Wohnung sind.

Oben: Azaleenblüten – Zierde vieler Bonsai.
Links: Verschiedene Größen, unterschiedliche Stilformen und Pflanzen; jeder Bonsai ist auf seine Art eine Persönlichkeit.

Erläuterung der Stichwörter

Am Beginn steht jeweils der botanische Name, der sich aus dem Gattungsnamen, zum Beispiel *Ficus*, und dem Artnamen, zum Beispiel (*Ficus*) *benjamina* oder (*Ficus*) *buxifolia*, zusammensetzt. In den meisten Fällen ist anschließend der deutsche Name genannt; bei manchen Pflanzen gibt es mehrere deutsche Bezeichnungen, in einigen Fällen existiert kein deutscher Name.

Herkunft: Es gibt wichtige Anhaltspunkte für die Ansprüche der Pflanze.

Pflege: Erster Hinweis, ob die Pflanze auch anfängergeeignet ist.

Standort: Angaben über Licht- und Temperaturbedarf und ob im Sommer ein Platz im Freien möglich ist.

Luftfeuchtigkeit: Nennt Ansprüche an die Luftfeuchtigkeit.

Gießen: Hier geht es um den Wasserbedarf.

Düngen: Unter diesem Punkt erfahren Sie die Düngeintervalle für Flüssigdünger. Die Monate sind mit römischen Ziffern angegeben.

Schädlinge: Es werden nur häufig auftretende Arten aufgeführt.

Umpflanzen: Hier wird angegeben, in welchen Abständen normalerweise ein Umpflanzen erforderlich ist. Eine besondere Jahreszeit gilt nur für Pflanzen mit Ruhephase.

Erdmischung: In diesem Punkt wird die beste Erdmischung vorgestellt. Mischungsverhältnisse sind in Volumenteilen (T) angegeben. Sie beziehen sich auf Pikiererde (im Blumenfachhandel erhältlich), körnig gebrannten Lehm (im Bonsai-Fachhandel) und Tongranulat (ebenfalls im Blumenfachhandel). Statt Tongranulat kann auch Lavasand mit der Körnung 0 bis 5 mm (aus dem Zoofachhandel) oder Bimssand (Baustoffhandel) genommen werden.

Die hier angegebenen Erdmischungen haben sich in jahrzehntelanger Praxis bewährt.

Schneiden: Hier erfahren Sie Art und Zeitpunkt des Schnitts.

Drahten: Dieser Punkt nennt die Elastizität des Holzes und ob Drahten möglich ist.

Hinweis: Besonderheiten der Pflanze.

Warnung: Hinweis auf giftige Pflanzen oder Verletzungsgefahr.

Mein Tip: Besondere und praxiserprobte Pflegetips des Autors.

Symbolerklärung

⚜ Die Pflanze oder Teile davon sind giftig (→ Warnung und Hinweis, Seite 63).

Pflanzen für Bonsai-Anfänger

Für den Anfänger sind zimmertaugliche Gehölze zu empfehlen, die sich leicht pflegen lassen. Für erste Gestaltungsversuche ist elastisches Holz wichtig.

Mediterrane Pflanzen
Myrtus communis
(Brautmyrte)   Seite 39
Pistacia lentiscus
(Pistazie)   Seite 40
Oleo europea
(Olive)   Seite 39
Rosmarinus officinalis
(Rosmarin)   Seite 41
Fortunella hindsii
(Zwergorange)   Seite 44
Grevillea robusta
(Silbereiche)   Seite 44
Ulmus parvifolia
(Japanische Ulme) Seite 49

Gehölze der Tropen
Ficus-Arten
(Feige)   Seite 51–53
Schefflera actinophylla
(Lackblattbaum)   Seite 53

Pflanzen der Trockensteppe
Brachychiton rupestris
(Flaschenbaum)   Seite 55
Euphorbia milii
(Christusdorn)   Seite 56
Portulacaria afra
(Strauchportulak)   Seite 56
Sarcocaulon rigidum
(Buschmannskerze) Seite 57

Aus einem großen Baum (6 m hoch) wurde ein attraktiver Bonsai von 60 cm Höhe – Ficus retusa.

Mediterrane Bäume und Sträucher

Sie zählen zu den beliebtesten Kübelpflanzen in unseren Breiten: die Gehölze aus dem Mittelmeerraum. Doch nicht nur als große Gewächse wecken sie Erinnerungen an schöne Urlaubstage, auch als Bonsai sind sie mit ihrer Blütenpracht und ihren attraktiven Blättern eine Zierde für jede Wohnung.

Mediterrane Pflanzen stammen nicht nur aus dem Mittelmeergebiet. Auch in Südwestaustralien, Südafrika, Chile und Kalifornien herrscht das typische Mittelmeerklima mit trockenen Sommern und feuchten, relativ kühlen Wintern. Pflanzen aus dieser Klimazone sind wenig kälteempfindlich. Sobald keine Nachtfrostgefahr mehr besteht, kann man sie im Freien an einem windgeschützten Platz aufstellen, zum Beispiel an der Innenwand einer Terrasse. Vor zu starkem Wind schützt eine Geländerverkleidung, vor zu heißer Mittagssonne eine Markise. Viele Mittelmeergehölze haben mit Wachs überzogene Blätter.

Dadurch verdunsten sie nur wenig Wasser. Sie vertragen sogar trockene Heizungsluft und sind daher ideal als Zimmer-Bonsai. Pflanzen mit zartem Laub verlangen eine kühle Überwinterung. Granatapfel oder Flaumeiche zum Beispiel werfen im Winter Laub ab. Sie brauchen auch in der Wohnung eine Winterruhe bei Temperaturen zwischen 4 und 10 °C. Nadelgehölze lieben es feucht. Man überwintert sie entweder zwischen 4 und 15°C oder sorgt während der Heizperiode für zusätzliche Luftfeuchtigkeit (→ Seite 24).

Die Zweige der Zypresse durften herrlich nach Zitrone.

Cupressus macrocarpa
Kalifornische
Zypresse

Herkunft: Kalifornien
Pflege: Schwierig.
Standort: Im Sommer Halbschatten, am besten im Freien. Im Winter Südfenster.
Luftfeuchtigkeit: Hoch.
Gießen: Ganzjährig sehr regelmäßig. Keine Staunässe.
Düngen: III-IX alle 2-3, X-II alle 4-6 Wochen.
Schädlinge: Wenig anfällig.

Umpflanzen: Alle 1 bis 2 Jahre, am besten im Winterhalbjahr.
Erdmischung: 5 T Pikiererde, 2 T Lehm, 2 T Tongranulat.
Schneiden: Ganze Äste, feinen Austrieb abzupfen. Im Sommer alle 6-8, im Winter etwa alle 12 Wochen.
Drahten: Möglich. Äste ab etwa 3 mm Durchmesser behutsam biegen.
Mein Tip: Im Winter täglich übersprühen oder in einem Bonsai-Terrarium (→ Seite 24) aufstellen.

Myrtus communis
Myrte

Herkunft: Mittelmeergebiet.
Pflege: Einfach.
Standort: Im Sommer Ost- oder Westfenster, am besten im Freien. Im Winter am Südfenster.
Luftfeuchtigkeit: Normal.
Gießen: Normal feucht halten.
Düngen: III-VII alle 2, IX-II alle 6 Wochen.
Schädlinge: Wenig anfällig.
Umpflanzen: Alle 2-3 Jahre, am besten im März.
Erdmischung: 3 T Pikiererde, 2 T Lehm, 1 T Tongranulat.
Schneiden: Scharfer Rückschnitt im Herbst. Da die Myrte am diesjährigen Holz blüht, von III-VIII nicht schneiden.
Drahten: Möglich.
Hinweis: Die ledrigen, harten Blätter dieses Hartlaubgewächses widerstehen der extremen Trockenheit im Sommer und auch der trockenen Luft, die in zentralgeheizten Wohnungen herrscht.
Mein Tip: Wenn Sie Ihren Urlaub im Mittelmeergebiet verbringen, können Sie diese Pflanze direkt im Heimatland kaufen. In den ansässigen Baumschulen ist sie zumeist erhältlich. Da diese Baumschulpflanzen mit einem festen Wurzelballen in Töpfen sitzen, können sie ohne Probleme eine lange Strecke transportiert werden.
Ähnlich gepflegt werden:
• Rosmarin (*Rosmarinus officinalis*)
Auch der Rosmarin mit seinen kleinen, festen Blättern, die Nadeln ähneln, und seinen attraktiven lila Blüten stammt aus dem Mittelmeerraum. In der Pflege entspricht er weitgehend der Myrte; er sollte im Gegensatz zu ihr nach der Blüte noch ein zweites Mal geschnitten werden. Beim Drahten ist beim Rosmarin große Vorsicht geboten, da das Holz im Alter spröde wird. Junge Triebe dagegen lassen sich problemlos drahten.
• Zitrone (*Citrus limon*)
Auch sie ist ein Gehölz des Mittelmeerraums und in ihren Pflegeansprüchen der Myrte sehr ähnlich. Allerdings sollte die Zitrone am besten in hohe Gefäße mit einer guten Dränageschicht gepflanzt werden, da sie sehr empfindlich gegen Staunässe ist. Beim Schnitt empfiehlt es sich, mäßig vorzugehen, da sonst keine Blüten angesetzt werden. Nur größere Bonsai (über 50 cm) blühen üppig. Besonders attraktiv sind Zitronenbäumchen, wenn sie gleichzeitig Früchte und Blüten tragen.

Weiße Blüten sind die besondere Zierde der Myrte.

Bonsai im Porträt

Symbolpflanze des Mittelmeerraumes – der Ölbaum.

Rote Beeren sind die Besonderheit des Mastixstrauchs.

Oleo europea
Ölbaum

Herkunft: Mittelmeer-
gebiet.
Pflege: Einfach.
Standort: Im Sommer
Ost- oder Westfenster,
am besten im Freien.
Im Winter Südfenster
und möglichst kühl,
10-15 °C.
Luftfeuchtigkeit:
Normal.
Gießen: Normal
feucht halten.
Düngen: III-VII alle 3,
IX-II alle 6-8 Wochen.
Schädlinge: Wenig
anfällig.

Umpflanzen: Alle 2-4
Jahre, im Frühjahr.
Erdmischung: 5 T
Pikiererde, 3 T Lehm,
2 T Tongranulat.
Schneiden: Scharfer
Rückschnitt nach dem
Frühjahrsaustrieb.
Drahten: Möglich.
Der Draht wächst je-
doch in die zarte Rinde
leicht ein.
Mein Tip: Das harte
Olivenholz gestattet
die Gestaltung von
»totem Holz« (Shari
und Jin).

Pistacia lentiscus
**Mastixstrauch,
Pistazie**

Herkunft: Mittelmeer-
gebiet.
Pflege: Einfach.
Standort: Im Sommer
Ost- oder Westfenster,
am besten jedoch im
Freien. Im Winter Süd-
fenster.
Luftfeuchtigkeit:
Normal.
Gießen: Normal
feucht halten.
Düngen: III-VII alle 2,
IX-II alle 6 Wochen.
Schädlinge: Wenig
anfällig.

Umpflanzen: Alle 2-3
Jahre, am besten im
März.
Erdmischung: 3 T
Pikiererde, 2 T Lehm,
1 T Tongranulat.
Schneiden: Scharfer
Rückschnitt im Herbst.
Die Pistazie kann auch
im Sommer mehrmals
gestutzt werden.
Drahten: Möglich.
Hinweis: Die ledrigen
Blätter vertragen extre-
me Trockenheit im
Sommer ebenso wie
die trockene Luft zen-
tralgeheizter Wohnun-
gen.

Eine Augenweide – die roten Blüten des Granatapfels.

Aus mediterranen Buschwäldern – die Kermeseiche.

Punica granatum
'Nana'
Zwerg-Granatapfel

Herkunft: Vorderasien.
Pflege: Nicht ganz leicht.
Standort: Im Sommer Ost-, Westfenster, am besten im Freien. Im Winter 4-10 °C (der Baum muß die Blätter abwerfen), ab März hell stellen bei etwa 15 °C, nach 2 Wochen normale Zimmertemperatur.
Luftfeuchtigkeit: Im Frühjahr hoch.

Gießen: Normal feucht halten, im Winter mäßig gießen.
Düngen: III-VII alle 2, IX-X alle 4 Wochen.
Schädlinge: Anfällig gegen Blattlaus und Weiße Fliege.
Umpflanzen: Alle 2-3 Jahre im Frühjahr.
Erdmischung: 4 T Pikiererde, 2 T Lehm, 1 T Tongranulat.
Schneiden: Im Herbst kräftiger Rückschnitt, im Sommer nicht schneiden (Blüte am diesjährigen Holz).
Drahten: Möglich.

Quercus coccifera
Kermeseiche

Herkunft: Mittelmeergebiet.
Pflege: Einfach.
Standort: Im Sommer am Ost- oder Westfenster im Freien. Im Winter am Südfenster.
Luftfeuchtigkeit: Normal.
Gießen: Normal feucht halten.
Düngen: III-VII alle 2, IX-II alle 6 Wochen.
Schädlinge: Wenig anfällig.
Umpflanzen: Alle 2-3 Jahre im März.

Erdmischung: 3 T Pikiererde, 2 T Lehm, 1 T Tongranulat.
Schneiden: Scharfer Rückschnitt nach dem Frühjahrsaustrieb. Ein zweiter Schnitt erfolgt, wenn die jungen Triebe im Mai zu verholzen beginnen. So wird eine dichtere Verzweigung erreicht.
Drahten: Möglich.
Hinweis: Verträgt auch Heizungsluft.

Gehölze der Subtropen

Viele dieser Pflanzen stammen aus der Heimat der Bonsai-Kunst, dem südlichen China und Japan. Sie werden seit altersher als Bonsai gestaltet. Da sie aus warmem Klima stammen, gedeihen sie bei uns nur in der Wohnung, manche Arten mögen allerdings im Sommer einen geschützten Platz im Freien.

Corokien sind unempfindlich gegen Trockenheit.

In Südchina, Taiwan und auf den südlichen Inseln des japanischen Archipels herrscht subtropisches Klima mit feuchtheißen Sommern und regenreichen, milden Wintern. Aus diesem Klima stammt die überwiegende Mehrzahl der importierten Zimmer-Bonsai, wie zum Beispiel Fukien Tee (*Ehretia microphylla*), Orangenjasmin (*Murraya paniculata*), Steineibe (*Podocarpus macrophyllus*), Falscher Tee (*Sageretia thea*), Baum-der-tausend-Sterne (*Serissa foetida*) und die japanische Ulme (*Ulmus parvifolia*).
Angesichts der heimatlichen Witterungsverhältnisse verlangen diese Pflanzen eine hohe Luftfeuchtigkeit.

Im Winter brauchen sie also entweder eine Temperatur um 15 °C oder es muß für zusätzliche Luftfeuchtigkeit (→ Seite 24) gesorgt werden.
Aus Mittelamerika stammen Fuchsie (*Fuchsia*) und Barbadoskirsche (*Malpighia coccigera*). Sie haben in der Regel die gleichen Pflegeansprüche wie die Subtropengehölze des fernen Ostens.
Aus den subtropischen Zonen Australiens und Neuseelands stammen einige sehr robuste Zimmergehölze wie Corokie (*Corokia buddleioides*), Australische Silbereiche (*Grevillea robusta*) und Südseemyrte (*Leptospermum scoparium*).

Corokia buddleioides
Corokie

Herkunft: Neuseeland.
Pflege: Einfach.
Standort: Hell bis vollsonnig.
Luftfeuchtigkeit: Keine Ansprüche.
Gießen: Mäßig feucht halten.
Düngen: III-IX alle 3, X-II alle 4-6 Wochen.
Schädlinge: Wenig anfällig.
Umpflanzen: Alle 1-2 Jahre.
Erdmischung: 3 T Pikiererde, 2 T Lehm, 2 T Tongranulat.

Schneiden: Neutrieb mehrmals im Jahr bis auf 2-5 Blätter einkürzen.
Drahten: Leicht, das Holz ist weich.
Hinweis: *Corokia* kann sowohl kühl (knapp frostfrei) als auch bei normaler Zimmertemperatur überwintert werden.
Mein Tip: Wegen ihres weichen Holzes, ihrer guten Schnittverträglichkeit und der leichten Pflege ideal für eigene Gestaltungsversuche.

Gehölze der Subtropen

Die anspruchsvolle Ehretia wird häufig angeboten.

Fuchsia magellanica ist frosthart bis -10°C.

**Ehretia microphylla
Fukien Tee**

Herkunft: Südostasien.
Pflege: Schwierig.
Standort: Im Sommer Ost- oder Westfenster, VI-IX auch im Freien. Im Winter Südfenster bei 10 bis 18 °C, bei höherer Temperatur für zusätzliche Luftfeuchtigkeit sorgen.
Luftfeuchtigkeit: Hoch.
Gießen: Sorgfältig. Wurzeln sind gegen Staunässe und Trockenheit empfindlich.

Düngen: IV-IX alle 2-3, X-III alle 4-6 Wochen.
Schädlinge: Mäßig anfällig gegen Rote Spinne, Mehltau und Grauschimmel.
Umpflanzen: Alle 2-3 Jahre, am besten im Frühjahr.
Erdmischung: 3 T Pikiererde, 2 T Lehm, 1 T Tongranulat.
Schneiden: Neutrieb etwa 2mal jährlich auf 2-3 Blätter einkürzen.
Drahten: Leicht.
Hinweis: Die roten Früchte sind nicht eßbar.

**Fuchsia magellanica
Fuchsia minutiflora
Fuchsie**

Herkunft: Mittel- und Südamerika, Neuseeland und Tahiti.
Pflege: Relativ einfach.
Standort: Ost-, Westfenster, im Sommer im Freien an einem halbschattigen Platz. Überwinterung wie beim Zwerg-Granatapfel (→ Seite 41). Empfindlichere Arten wie *Fuchsia minutiflora* hell und genügend luftfeucht überwintern.

Luftfeuchtigkeit: Mittel.
Gießen: Normal. Ballen darf nicht austrocknen.
Düngen: IV-IX alle 3-4 Wochen.
Schädlinge: Anfällig gegen Weiße Fliege.
Umpflanzen: Jährlich nach der Winterruhe.
Erdmischung: 3 T Pikiererde, 1 T Lehm, 1 T Tongranulat.
Schneiden: Kräftiger Rückschnitt im Herbst.
Drahten: Gut möglich.
Mein Tip: Bereiten Sie sehr hartes Wasser auf.

Die Früchte der Zwerg-Orange sind eßbar, aber sauer.

Grevillea verträgt auch trockene Heizungsluft.

Fortunella hindsii
**Zwerg-Orange,
Kumquat**

Herkunft: Taiwan.
Pflege: Relativ einfach.
Standort: Hell, aber nicht in praller Mittagssonne. VI-X auch im Freien.
Luftfeuchtigkeit: Mittel.
Gießen: Mäßig feucht halten, empfindlich gegen Staunässe.
Düngen: III-X alle 2, XI-II alle 4-6 Wochen.
Schädlinge: Anfällig gegen Schild- und Wolläuse.

Umpflanzen: Alle 2-3 Jahre, am besten III-IV.
Erdmischung: 3 T Pikiererde, 2 T Lehm, 1 T Lavasand oder Tongranulat.
Schneiden: Nur zu lang gewordene Triebe einkürzen und die übrige Krone mäßig stutzen, da Zwerg-Orangen an den einjährigen Trieben blühen und fruchten.
Drahten: Nicht ganz einfach, älteres Holz ist brüchig.
Hinweis: Die Früchte sind eßbar, aber sehr sauer.

Grevillea robusta
**Australische Silber-
eiche**

Herkunft: Australien.
Pflege: Einfach.
Standort: Hell, im Sommer keine Mittagssonne. VI-IX im Freien an einem windgeschützten, halbschattigen Platz. Bei Zimmertemperatur oder kühl überwintern (nicht unter 12 °C).
Luftfeuchtigkeit: Normal. Verträgt trockene Heizungsluft.
Gießen: Normal feucht halten. Stau-

nässe und Ballentrockenheit vermeiden.
Düngen: II-IX alle 2-3, X-II alle 4-6 Wochen.
Schädlinge: Anfällig gegen Weiße Fliege und Rote Spinne.
Umpflanzen: Alle 1-2 Jahre, am besten im Frühjahr.
Erdmischung: 4 T Pikiererde, 2 T Lehm, 1 T Tongranulat.
Schneiden: Höchstens 2mal jährlich schneiden, zu große Blätter einkürzen.
Drahten: Gut möglich.

Gehölze der Subtropen

Die Wurzeln der Südseemyrte dürfen nie austrocknen.

Malpighia darf vor der Blüte nicht gestutzt werden.

Leptospermum scoparium
Südseemyrte

Herkunft: Australien.
Pflege: Relativ einfach.
Standort: Im Sommer Ost- oder Westfenster. Im Winter auch Südfenster.
Luftfeuchtigkeit: Mäßig.
Gießen: Sehr sorgfältig. Die Wurzeln dürfen nie austrocknen.
Düngen: II-IX alle 2, X-1 alle 4 Wochen.
Schädlinge: Nicht anfällig.

Umpflanzen: Jährlich nach der Blüte (V-VI).
Erdmischung: 4 T Pikiererde, 1 T Lehm, 1 T Tongranulat.
Schneiden: Kräftiger Rückschnitt nach der Blüte, nach X nicht mehr schneiden (Blütenbildung).
Drahten: Leicht.
Mein Tip: Bereits ein geringfügiges Einrollen der Blättchen bedeutet akute Gefahr durch Wassermangel. Um dem Austrocknen vorzubeugen, *Leptospermum* in ein hohes Gefäß pflanzen.

Malpighia coccigera
Zwerg-Stechpalme

Herkunft: Westindien.
Standort: Hell und luftig.
Luftfeuchtigkeit: Normal.
Gießen: Normal feucht halten. Staunässe und Ballentrockenheit vermeiden.
Düngen: IV-IX alle 3, X-III alle 6-8 Wochen.
Schädlinge: Anfällig gegen rote Spinne, Schild- und Wolläuse.
Umpflanzen: Alle 2-3 Jahre, am besten im Frühjahr.

Erdmischung: 3 T Pikiererde, 2 T Lehm, 1 T Tongranulat.
Schneiden: Nach Bedarf, *Malpighia* wächst langsam.
Drahten: Gut möglich.
Hinweis: *Malpighia* blüht VI-VIII.
Mein Tip: Malpighien werden meist als sehr kleine Pflanzen angeboten. Im Blumentopf mit Einheitserde werden in 2-3 Jahren stattliche Pflanzen daraus, Rohmaterial für aparte Bonsai.

Murraya paniculata
Orangenjasmin

Herkunft: Südost-
asien.
Pflege: Einfach.
Standort: Hell, jedoch
im Sommer nicht der
prallen Mittagssonne
ausgesetzt. VI-IX auch
im Freien an einem
windgeschützten, halb-
schattigen Platz. Bei
Zimmertemperatur
oder kühl überwintern
(nicht unter 12 °C).
Luftfeuchtigkeit:
Normal. Verträgt aber
auch trockene Hei-
zungsluft.
Gießen: Normal
feucht halten. Sowohl
Staunässe als auch
Ballentrockenheit ver-
meiden.
Düngen: II-IX alle
2-3, X-II alle 4-6 Wo-
chen.
Schädlinge: Anfällig
gegen Rote Spinne.
Umpflanzen: Alle 1-2
Jahre, am besten im
Frühjahr.
Erdmischung: 4 T
Pikiererde, 2 T Lehm,
1 T Tongranulat.
Schneiden: *Murraya*
wächst langsam und
hat große Blätter.
Sie sollte höchstens
zweimal jährlich ge-
schnitten werden, zu
große Blätter, die den

Orangenjasmin: Gute Importware vor der Neugestaltung der Krone.

Gesamteindruck des
Bonsai stören, können
Sie einkürzen.
Drahten: Gut mög-
lich.
Hinweis: *Murraya*
blüht V-VI.

Zum Foto: Diese *Mur-
raya* ist typisch für
gute Solitäre, wie sie
aus Südchina impor-
tiert werden. Auf ei-
nem wunderbar bizar-
ren Stamm sitzt eine
wenig überzeugende
Krone; sie wurde nur
durch Schnitt gestaltet.
Lassen Sie sich von
den wild verzweigten

Ästen nicht unbedingt
vom Kauf einer derar-
tigen Pflanze abschrek-
ken. Eine Krone läßt
sich verändern, ein
Stamm nicht. Wenn Sie
die Zweige ordentlich
durchdrahten, haben
Sie in ganz kurzer Zeit
einen wunderschönen,
stilreinen Bonsai.

Podocarpus macrophyllus verträgt keinen Kalk.

Die Japanazalee hat bezaubernde rosa Blüten.

Podocarpus macrophyllus
Steineibe

Herkunft: Südjapan.
Pflege: Relativ einfach.
Standort: Ost-, Westfenster, VI-IX auch im Freien (Halbschatten).
Luftfeuchtigkeit: Mittel. Wenn die Pflanze bei Zimmertemperatur überwintert, ist es ratsam, sie jeden Morgen zu sprühen.
Gießen: Mäßig. Nie austrocknen lassen.
Düngen: III-IX alle 2-3, X-II alle 4-6 Wochen.
Schädlinge: Wenig anfällig.
Umpflanzen: Alle 2-3 Jahre.

Erdmischung: 3 T Pikiererde, 2 T Lehm, 1 T Tongranulat.
Schneiden: Den Neuaustrieb Mitte VI auf wenige Zentimeter einkürzen.
Drahten: Möglich. Vorsicht beim Biegen älteren Holzes.
Hinweis: Die Gattung *Podocarpus* kommt mit über hundert Arten nur auf der Südhalbkugel der Erde vor. In Baumschulen im Mittelmeerraum kann man gelegentlich die eine oder andere *Podocarpus*-Art finden. Sie sind alle leicht zu pflegen.
Mein Tip: Sehr hartes Gießwasser aufbereiten.

Rhododendron simsii
Japanazalee ☠

Herkunft: Süd- und Mitteljapan.
Pflege: Nicht ganz einfach.
Standort: Hell, aber keine pralle Sonne. Im Sommer halbschattig im Garten.
Luftfeuchtigkeit: Normal.
Gießen: Reichlich. Die Wurzeln dürfen niemals austrocknen. Nur enthärtetes Wasser verwenden.
Düngen: Ganzjährig alle 2 bis 3 Wochen.
Schädlinge: Wenig anfällig.
Umpflanzen: Jährlich, am besten nach der Blüte.

Erdmischung: 4 T Pikiererde, 1 T Lehm, 1 T Tongranulat.
Schneiden: Nur einmal im Jahr (V-VI), danach werden neue Blütenknospen ausgebildet. Neuaustrieb auf 1-3 Blätter kürzen, Rückschnitt ins alte Holz möglich.
Drahten: Nicht ganz einfach. Das Holz ist spröde.
Hinweis: Blüht je nach Sorte von X-III.
Warnung: Rhododendren können Giftstoffe enthalten.
Mein Tip: Die Japanazalee ist ideal für eigene Gestaltungsversuche.

Falscher Tee liebt im Sommer einen Platz im Freien.

Serissa ist im Frühsommer übersät mit weißen Sternen.

Sageretia thea
Falscher Tee

Herkunft: Südchina.
Pflege: Nicht einfach.
Standort: Hell, im Sommer keine Mittagssonne. VI-IX im Freien an einem windgeschützten, halbschattigen Platz. Bei Zimmertemperatur oder kühl überwintern (nicht unter 12 °C).
Luftfeuchtigkeit: Hoch.
Gießen: Normal feucht halten. Staunässe, Ballentrockenheit vermeiden.

Düngen: II-IX alle 2-3, X-II alle 4-6 Wochen.
Schädlinge: Anfällig gegen Weiße Fliege und Rote Spinne.
Umpflanzen: Alle 1-2 Jahre, am besten im Frühjahr.
Erdmischung: 4 T Pikiererde, 2 T Lehm, 1 T Tongranulat.
Schneiden: 3- bis 6mal im Jahr den Neuaustrieb auf 2-5 Blattpaare zurückschneiden.
Drahten: Möglich.
Mein Tip: *Sageretia* liebt im Winter einen kühlen Standort.

Serissa foetida
Baum-der-tausend-Sterne, Junischnee

Herkunft: Südostasien.
Pflege: Nicht einfach.
Standort: Sehr hell, im Sommer jedoch keine pralle Mittagssonne, VI-IX auch im Freien. Im Winter möglichst 10-15 °C.
Luftfeuchtigkeit: Sehr hoch.
Gießen: Reichlich, aber Staunässe vermeiden.
Düngen: III-X alle 2, XI-II alle 3-4 Wochen.

Schädlinge: Wenig anfällig.
Umpflanzen: Alle 1-2 Jahre.
Erdmischung: 3 T Pikiererde, 2 T Lehm, 1 T Tongranulat.
Schneiden: Nur zu lange Triebe einkürzen (fördert Blütenbildung).
Drahten: Leicht.
Hinweis: *Serissa* ist im Frühsommer übersät mit weißen Sternen.
Mein Tip: Leider sitzt diese Pflanze beim Kauf meist in Lehm, der ausgetauscht werden sollte.

Syzygium bevorzugt einen halbschattigen Platz.

Die japanische Ulme wächst sehr rasch.

Syzygium paniculatum
Kirschmyrte

Herkunft: Australien.
Pflege: Relativ einfach.
Standort: Hell. VI-IX auch im Freien.
Luftfeuchtigkeit: Mittel. Wird die Pflanze bei Zimmertemperatur überwintert, XI-IV täglich (morgens) übersprühen.
Gießen: Reichlich, Staunässe vermeiden.
Düngen: III-IX alle 2, X-II alle 4-6 Wochen.
Schädlinge: Wenig anfällig.

Erdmischung: 4 T Pikiererde, 2 T Lehm, 1 T Tongranulat.
Schneiden: Nach der Blüte scharfer Rückschnitt möglich, ab IX nicht mehr schneiden.
Drahten: Möglich.
Hinweis: Blüte IV-VI. Früchte sind eßbar.
Mein Tip: Die Pflanze sollte wegen ihrer relativ langen Blütentriebe mindestens 60 cm hoch sein und eine stattliche Krone haben. Erst bei etwa 1,5 m Höhe mit der Bonsai-Gestaltung beginnen.

Ulmus parvifolia
Japanische Ulme

Herkunft: China, Korea, Taiwan, Japan.
Pflege: Einfach.
Standort: Hell, im Sommer keine Mittagssonne. VI-IX im Freien an einem windgeschützten, halbschattigen Platz. Bei Zimmertemperatur oder kühl überwintern (nicht unter 12 °C).
Luftfeuchtigkeit: Normal. Verträgt bedingt Heizungsluft.
Gießen: Normal feucht halten. Staunässe und Ballentrockenheit vermeiden.
Düngen: II-IX alle 2-3, X-II alle 4-6 Wochen.
Schädlinge: Anfällig gegen Weiße Fliege und Rote Spinne.
Umpflanzen: Alle 1-2 Jahre, am besten im Frühjahr.
Erdmischung: 4 T Pikiererde, 2 T Lehm, 1 T Tongranulat.
Schneiden: 3-bis 6mal im Jahr den Neuaustrieb auf 2-5 Blätter zurückschneiden.
Drahten: Gut möglich.

Gehölze aus den Tropen

Viele Baumarten aus den tropischen Regenwäldern finden sich in unseren Wohnungen als Zimmerbäume wieder. Doch nicht nur die großen Exemplare bringen ein Stück Natur in Innenräume, auch zu Bonsai gestaltet sind sie grüne Schönheiten.

Die tropischen Regenwälder unserer Erde beherbergen eine Fülle verschiedener Baumarten, die selbst in geheizten Wohnungen gut gedeihen. Der Grund liegt in den besonderen Wetterverhältnissen der tropischen Gebiete: Morgens brennt die Sonne heiß vom Himmel – die Blätter würden vertrocknen, wären sie nicht durch eine Wachsschicht geschützt. Erst am Nachmittag bringt das sprichwörtliche Tropengewitter Abkühlung und Feuchtigkeit. Urwaldbäume können sehr alt und sehr hoch werden. Junge Pflanzen müssen deshalb mit dem spärlichen Licht auskommen, das bis zum Boden durchdringen kann. Im Zimmer gehaltene Tropenbäume kümmern daher auch bei mäßigen Lichtverhältnissen nicht.

Selbst gelegentlich zu nasse Erde stört sie kaum, wenn das Substrat so locker ist, daß es noch genügend Luft enthält.

Das einzige Pflegeproblem ist hartes Gießwasser. Der humusreiche Boden im Regenwald ist praktisch kalkfrei. Auf zu hohe Kalkgaben reagieren diese Pflanzen mit Chlorose, das heißt sie bekommen gelbliche Blätter, deren Blattadern häufig grün bleiben. Daher sollte hartes Gießwasser unbedingt aufbereitet werden.

Ficus neriifolia in Besenform (Hokidachi).

Ficus-Arten
Feigenbaum

Viele *Ficus*-Arten wie der Gummibaum (*Ficus elastica*) oder die Birkenfeige (*Ficus benjamina*) gehören zu den beliebtesten Zimmerpflanzen oder – in großen Exemplaren – Zimmerbäumen.

Viele *Ficus*-Arten eignen sich auch hervorragend als Bonsai, ja selbst Anfängern gelingt mit diesen pflegeleichten Pflanzen die Bonsai-Gestaltung ohne große Probleme. Auf den nächsten Seiten finden Sie eine Auswahl von geeigneten *Ficus*-Arten.

Blätter des Ficus neriifolia.   *Dekorative Panaschierung – weißbunte Birkenfeige.*

Ficus neriifolia
(Foto links oben)
Ficus benjamina
'Starlight'
Weißbunte
Birkenfeige
(Foto rechts oben)
Ficus benjamina
Birkenfeige
(Foto links unten)
Ficus buxifolia
(Foto rechts unten)

Herkunft: Tropengürtel der Erde.
Pflege: Einfach.
Standort: Ost-, Westfenster, keine pralle Sonne.
Luftfeuchte: Normal.
Gießen: Reichlich mit kalkarmem Wasser.
Düngen: III-IX alle 2-3, X-II alle 4-6 Wochen.

Schädlinge: Bei guter Pflege wenig anfällig. Geschwächte Pflanzen werden von Blatt-, Woll-, Schildläusen und der Roten Spinne befallen.
Umpflanzen: Alle 1-2 Jahre.
Erdmischung: 4 T Pikiererde, 1 T Lehm, 1,5 T Tongranulat.
Schneiden: Zu lang gewachsene Triebe auf 1-2 Blätter einkürzen.
Drahten: Leicht. Draht nach 6 Monaten entfernen.
Hinweis: Auf Schnittwunden einen Tropfen Wasser geben. Dadurch gerinnt der Milchsaft.
Achtung: Der Milchsaft aller *Ficus*-Arten

kann Allergien auslösen.
Mein Tip: Beim Schneiden vor dem letzten Blatt ein Stück stehenlassen, der Zweig könnte sonst eintrocknen.
Ähnlich gepflegt wird auch *Ficus schlechteri*, allerdings verlangt er eine höhere Luftfeuchtigkeit. Sein großer Vorzug ist, daß er auch in dunkleren Räumen gedeiht, da sein natürlicher Standort im Unterholz der Urwälder ist.
Ficus schlechteri kann besonders leicht zur Wurzelform (→ Seite 13) gestaltet werden.

Ficus benjamina   *Ficus buxifolia*

Besonders gut geeignet – Ficus benjamina 'Wiandi'.

Ficus pumila mag nasse Füße.

Ficus benjamina 'Wiandi'

Herkunft: Cultivar, also eine Spielart, die in einer Gärtnerei gezüchtet wurde.
Pflege: Einfach.
Standort: Hell, verträgt jedoch im Sommer keine pralle Mittagssonne.
Luftfeuchtigkeit: Normal.
Gießen: Reichlich.
Düngen: IV-IX alle 4, X-III alle 6-8 Wochen.
Schädlinge: Wenig anfällig.
Umpflanzen: Alle 2 Jahre.
Erdmischung: 5 T Pikiererde, 1 T Lehm, 2 T Tongranulat.
Schneiden: Nach Bedarf den Neuaustrieb einkürzen, ab und zu auslichten.
Drahten: Abzuraten. Das Holz ist extrem kurzfaserig und bricht sehr leicht.
Mein Tip: Diese Spielart der Birkenfeige ist besonders ideal als Bonsai. Sie ist dicht verzweigt, Schneiden genügt für schön geformte Kronen.

Ficus pumila Kletter-Feige

Herkunft: Nordvietnam, südliches China, südliches Japan, Riukiu-Inseln, Taiwan.
Pflege: Sehr einfach.
Standort: Hell, aber keine pralle Sonne.
Luftfeuchtigkeit: Mittel.
Gießen: Reichlich.
Düngen: III-IX alle 2-3, X-II alle 4-6 Wochen.
Schädlinge: Wenig anfällig.
Umpflanzen: Alle 2-3 Jahre.
Erdmischung: 4 T Pikiererde, 1 T Lehm, 1,5 T Tongranulat.
Schneiden: Zu lang gewachsene Triebe auf 1-3 Blätter einkürzen.
Drahten: Leicht.
Hinweis: Kletter-Feigen gedeihen sogar in blankem Wasser.
Mein Tip: Sie können wie Efeu geformt werden: Eine Moorkienwurzel mit kräftigem Draht in der Schale fixieren und eine Kletter-Feige mit Bast daran anbinden. Seitenäste waagerecht drahten, regelmäßig stutzen.

Prachtvolle Farben zeigen die Blätter des Kroton.

Eine robuste, attraktive Pflanze: der Lackblattbaum.

Codiaeum variegatum
**Wunderstrauch,
Kroton**

Herkunft: Ursprünglich Molukken, zahlreiche Cultivarformen (Zuchtformen).
Pflege: Einfach.
Standort: Hell, im Sommer keine pralle Mittagssonne.
Luftfeuchtigkeit: Normal.
Gießen: Mäßig, Ballen nicht austrocknen lassen, gelegentlich übersprühen.
Düngen: IV-IX alle 4, X-III alle 6-8 Wochen.

Schädlinge: Gelegentlich rote Spinne.
Umpflanzen: Alle 2 Jahre.
Erdmischung: 4 T Pikiererde, 1 T Lehm, 2 T Tongranulat.
Schneiden: Nur einkürzen, nicht ins alte Holz schneiden.
Drahten: Möglich, das Holz ist elastisch.
Hinweis: Der Milchsaft ist mäßig giftig.
Mein Tip: Die Zweige tragen nur an den Enden Blätter. Empfehlenswerte Stilform ist der Literatenstil (Bunjingi).

Schefflera actinophylla
Lackblattbaum

Herkunft: Australien, Neu-Guinea.
Pflege: Einfach.
Standort: Hell, im Sommer keine pralle Mittagssonne.
Luftfeuchtigkeit: Mittel.
Gießen: Mäßig. Ballen nie austrocknen lassen.
Düngen: Mäßig. IV-IX alle 4, X-III alle 6-8 Wochen.
Schädlinge: Wenig anfällig.
Umpflanzen: Alle 2 Jahre.

Erdmischung: 4 T Pikiererde, 1 T Lehm, 1,5 T Tongranulat.
Schneiden: Alle senkrecht gewachsenen Triebe können jederzeit auf die gewünschte Höhe eingekürzt werden. *Schefflera* treibt auch aus dem kahlen Holz willig wieder aus.
Drahten: Schwierig, das Holz ist unelastisch.

Mein Tip: Wenn *Schefflera* bis ins kahle Holz eingekürzt wird, eine Plastiktüte überstülpen, bis sie neue Blätter gebildet hat.

Pflanzen der Trockensteppe

Aus den Savannen Afrikas und den Trockensteppen Australiens kommen Wüstenschönheiten zu uns, die bei geringem Pflegeaufwand gedeihen. Einige Arten wirken auf den ersten Blick mit ihrem Stachelkleid ein wenig abweisend, doch wenn sie ihre farbenprächtigen Blüten zeigen, werden sie jeden begeistern.

Die hier vorgestellten Pflanzenarten sind für den noch ungeübten Liebhaber von Zimmer-Bonsai sehr zu empfehlen, denn sie machen so gut wie keine Pflegeprobleme. Tropische Trockensteppen haben jährlich ein bis zwei kurze Regenzeiten. Die dazwischen liegenden, langen Trockenperioden überstehen die Pflanzen mit wasserspeichernden Organen oder langen Pfahlwurzeln, die bis zum Grundwasserspiegel reichen.

Diese Pflanzen der Trockensteppe wollen einen sehr hellen Fensterplatz und lockere, sauerstoffreiche Pflanzerde. Die meisten von ihnen vertragen auch einen Platz mit direkter Sonneneinstrahlung. Zum Teil können sie für wenige Tage sogar völlig austrocknen, bis die Speicherblätter Falten werfen, beziehungsweise die zarten Blätter abgeworfen werden. Wenn man anschließend vorsichtig gießt und allmählich (im Lauf von 2-3 Wochen) die Wassergaben wieder auf das normale Maß erhöht, reagieren sie mit spontaner Verzweigung und einem reichen Blütenflor. Für die meisten Sukkulenten ist die beste Jahreszeit für diese Trockenperiode Juli bis August, sie blühen größtenteils im Spätwinter bis zum zeitigen Frühjahr.

Adenium obesum (Wüstenrose) blüht überreich.

Adenium obesum
Wüstenrose ☠

Herkunft: Ostafrika
Pflege: Einfach.
Standort: Sonnig.
Luftfeuchte: Gering.
Gießen: Mäßig.
Düngen: Alle 4 Wochen.
Schädlinge: Anfällig gegen Grauschimmel.

Umpflanzen: Alle 2 Jahre.
Erdmischung: 3 T Pikiererde, 2 T Lehm, 2 T Tongranulat.
Schneiden: Rückschnitt nach der Blüte.
Drahten: Möglich.
Warnung: Gehört zu den Hundsgiftgewächsen; ihr Milchsaft ist sehr giftig.

Erfordert nur mäßiges Gießen: Brachychiton rupestris.

Euphorbia balsamifera mag einen hellen Fensterplatz.

Brachychiton rupestris **Flaschenbaum**

Herkunft: Ostaustralien.

Pflege: Einfach.

Standort: Sonnig, im Sommer auch an einem geschützten Platz im Freien, sollte nicht längerem Regen ausgesetzt sein.

Luftfeuchtigkeit: Gering.

Gießen: Mäßig feucht halten, Staunässe vermeiden.

Düngen: Alle 4 Wochen.

Schädlinge: Bei zu hoher Feuchtigkeit anfällig gegen Grauschimmel.

Umpflanzen: Alle 2 Jahre.

Erdmischung: 3 T Pikiererde, 2 T Lehm, 2 T Tongranulat.

Schneiden: Rückschnitt bis ins alte Holz möglich.

Drahten: Gut möglich. Drähte ohne Druck anlegen (weiches Holz).

Mein Tip: *Brachychiton* verzweigt sich nur dann gut, wenn bis ins alte Holz zurückgeschnitten wird. 2-3 Blätter am Aststummel stehenlassen, sonst könnte die Pflanze vertrocknen. Der knorrige, wasserspeichernde Wurzelhals sollte frei sichtbar bleiben.

Euphorbia balsamifera **Baumwolfsmilch** ☠

Herkunft: Kanarische Inseln, Westafrika.

Pflege: Einfach.

Standort: Sonnig, im Sommer im Freien, jedoch nicht längerem Regen ausgesetzt.

Luftfeuchtigkeit: Gering.

Gießen: Mäßig feucht halten.

Düngen: Alle 4 Wochen.

Schädlinge: Bei zu hoher Feuchtigkeit anfällig gegen Grauschimmel.

Umpflanzen: Alle 2 Jahre.

Erdmischung: 3 T Pikiererde, 2 T Lehm, 2 T Tongranulat.

Schneiden: Rückschnitt bis ins alte Holz möglich.

Drahten: Gut möglich. Wegen des weichen Holzes Drähte ohne Druck anlegen.

Mein Tip: *Euphorbia balsamifera* verzweigt sich spontan, wenn sie im Hochsommer kurz (eine Woche) austrocknet. Zu lange Triebe stutzen, der austretende Saft schadet der Pflanze nicht.

Warnung: Enthält wie alle Euphorbien-Arten einen stark haut- und schleimhautreizenden Milchsaft.

Bonsai im Porträt

Der Christusdorn trägt Blüten und scharfe Dornen.

Strauchportulak wächst sehr rasch.

Euphorbia milii
Christusdorn ☠

Herkunft: Madagaskar.
Pflege: Einfach.
Standort: Sonnig, im Sommer im Freien.
Luftfeuchtigkeit: Gering.
Gießen: Mäßig feucht halten.
Düngen: Alle 4 Wochen.
Schädlinge: Kaum anfällig.
Umpflanzen: Alle 2 Jahre.
Erdmischung: 3 T Pikiererde, 2 T Lehm, 2 T Tongranulat.

Schneiden: Rückschnitt bis ins alte Holz möglich.
Drahten: Gut möglich. Drähte ohne Druck anlegen (weiches Holz).
Mein Tip: Läßt sich gut gestalten und drahten, wenn Sie zuvor alle Dornen abschneiden. Pflanze wegen des Milchsaftes sofort übersprühen; am nächsten Tag gestalten.
Warnung: Enthält einen stark haut- und schleimhautreizenden Milchsaft.

Portulacaria afra
Strauchportulak

Herkunft: Südafrika.
Pflege: Einfach.
Standort: Sonnig, im Winter kühl (15-18°C).
Luftfeuchtigkeit: Gering.
Gießen: Mäßig.
Schädlinge: Nur anfällig bei zu warmer Überwinterung.
Umpflanzen: Alle 2-3 Jahre.
Erdmischung: 3 T Pikiererde, 2 T Lehm, 2 T Tongranulat.

Schneiden: Scharfer Rückschnitt bis ins alte Holz möglich.
Drahten: Möglich, jedoch nur die gut verholzten Äste. Noch grüne Zweige brechen beim Biegen an den Nodien (Blattknoten) sehr leicht ab.
Mein Tip: *Portulacaria* ist besonders gut für den Anfänger geeignet. Die Pflege ist problemlos. Etwaige Gestaltungsfehler gleicht die raschwüchsige Pflanze schon bald mit neuen Zweigen aus.

Pflanzen der Trockensteppe

Die Buschmannskerze trägt das ganze Jahr lang Blüten.

Die Äste von Trichodiadema lassen sich gut drahten.

Sarcocaulon rigidum
Buschmannskerze

Herkunft: Namibia.
Pflege: Einfach.
Standort: Sonnig.
Luftfeuchtigkeit: Gering.
Gießen: Mäßig.
Düngen: Alle 4-6 Wochen.
Schädlinge: Bei zu viel Feuchtigkeit anfällig gegen Grauschimmel.
Umpflanzen: Alle 2 Jahre.
Erdmischung: 3 T Pikiererde, 2 T Lehm, 2 T Tongranulat.

Schneiden: Scharfer Rückschnitt möglich.
Drahten: Möglich.
Hinweis: Die Pflanze blüht das ganze Jahr über, die Blüten öffnen sich nur bei Sonne.
Mein Tip: Schneiden Sie vor der Gestaltung die Dornen ab. Die weichen Zweige brechen, wenn man sie zu stark biegt. Vorsichtig gestalten.
Warnung: Verletzungsgefahr an den langen Dornen ab.

Trichodiadema stellatum
Stachelkrönchen

Herkunft: Südafrika.
Pflege: Einfach.
Standort: Sonnig, im Sommer im Freien, jedoch nicht längerem Regen ausgesetzt.
Luftfeuchtigkeit: Gering.
Gießen: Mäßig feucht halten.
Düngen: Alle 4 Wochen.
Schädlinge: Gegen tierische Schädlinge kaum anfällig. Bei zu hoher Feuchtigkeit Grauschimmel.
Umpflanzen: Alle 2 Jahre.
Erdmischung: 3 T Pikiererde, 2 T Lehm, 2 T Tongranulat.
Schneiden: Rückschnitt bis ins alte Holz möglich.
Drahten: Die weichen Äste lassen sich gut drahten. Drähte ohne Druck anlegen.
Mein Tip: Bildet anstatt eines Stammes dicke Speicherwurzeln. Pflanzen Sie Ihr Bäumchen so hoch ein, daß der größte Teil der Knollen sichtbar ist.

Außergewöhnliche Bonsaipflanzen

Palmen und Bambus haben als Zimmerpflanzen längst Eingang in unsere Wohnungen gefunden und verbreiten dort Exotik und Urlaubsträume von südlichen Gefilden. Schnittverträgliche Arten lassen sich als Bonsai oder als Begleitpflanze ziehen.

Bambus – ein Außenseiter unter den Bonsai.

Palmen und Bambus als Bonsai? Auf den ersten Blick mag das recht ungewöhnlich erscheinen. Doch ein Palmen- oder ein Bambuswäldchen ist eine hübsche Besonderheit in jeder Bonsai-Sammlung.

So merkwürdig das klingt, Bambus läßt sich durch Schnitt auf jeder Größe halten. Die aparten Pflanzen werden in Ostasien als Begleiter von »normalen« Bonsai sehr geschätzt. Bambus ist vor allem für Wintergärten empfehlenswert. Wichtig für die Pflege: Alle Arten sind kühl und hell zu überwintern. Ausgepflanzt an einen geschützten Platz, vertragen sie schwachen Frost. Da sie sich mit Ausläufern vermehren, muß oft umgepflanzt und ausgedünnt werden.

Bei Palmen sind der Gestaltung enge Grenzen gesetzt. Doch einige Arten haben von Natur aus, auch wenn sie im Topf in kleineren Größen wachsen, Baumcharakter. Hier kann die richtige Bonsai-Schale sehr viel beitragen, um den Eindruck eines Bonsai oder gar eines ganzen Bonsai-Wäldchens zu erwecken. Das Hauptproblem bei der Pflege ist die benötigte hohe Luftfeuchtigkeit, die in unseren beheizten Räumen nur schwer zu erreichen ist. Trotzdem ist das Bonsai-Terrarium nicht der richtige Ort für Palmen, da sie nicht nur feuchte, sondern auch frische Luft wollen.

Phyllostachus aurea
Gartenbambus
Pleioblastus distichus
Farnbambus

Herkunft: China und Japan.
Pflege: Relativ schwierig, kühl überwintern.
Standort: Hell, kann während der frostfreien Zeit auch ins Freie.
Luftfeuchtigkeit: Hoch.
Gießen: Reichlich, jedoch Staunässe vermeiden.
Düngen: Im Sommer alle 4-6 Wochen.

Schädlinge: In der Wohnung anfällig gegen Woll- und Schildläuse.
Umpflanzen: Alle 1-2 Jahre im Frühjahr, Pflanzen dabei teilen.
Erdmischung: 3 T Pikiererde, 1 T Lehm, 1 T Tongranulat.
Schneiden: Während der Wachstumsphase. Hauptstamm und Nebenzweige jeweils bis zu einer Blattachsel zurückschneiden.
Drahten: Nicht zu empfehlen.

Cycas – ein Bonsai für Liebhaber das Besonderen.

Ausgesprochen exotisch: Rhapis excelsa.

Cycas revoluta
Palmfarn

Wie der Name sagt, keine eigentliche Palme. Cycas ist ein »lebendes Fossil«, seit der Steinkohlenzeit bekannt. Der kurze Stamm bildet nur alle 2 Jahre eine neue Blattrosette. Der kleine Baum kann nicht gestaltet werden, sieht jedoch in einer Bonsai-Schale hübsch aus. Die Pflege ist ähnlich wie *Rhapis*, allerdings ist der Wasserbedarf nicht so hoch.

Herkunft: Japan, Südostasien.
Pflege: Einfach.
Standort: Hell, im Sommer im Freien.
Gießen: Im Sommer normal gießen, im Winter weniger. Die Erde darf nicht austrocknen.
Düngen: Im Sommer alle 6-8 Wochen.
Umpflanzen: Alle 4-5 Jahre.
Schädlinge: Neigt bei zu warmer Überwinterung zu Woll- und Schildläusen.

Rhapis excelsa
Steckenpalme

Herkunft: Südostasien.
Pflege: Relativ schwierig, kühle Überwinterung erforderlich.
Standort: Hell. Im Winter (XI-II) knapp frostfrei, maximal 15°C. Kann im Sommer ins Freie.
Luftfeuchtigkeit: Hoch. Für gute Ventilation sorgen.
Gießen: Reichlich, aber Staunässe vermeiden, die Wurzeln faulen sonst.

Düngen: III-IX alle 2, X-II alle 6-8 Wochen.
Schädlinge: Anfällig gegen Wollaus.
Umpflanzen: Jährlich, im Frühjahr.
Erdmischung: 4 T Pikiererde, 2 T Lehm, 2 T Tongranulat.
Schneiden: Zu lang gewachsene Wedel ganz entfernen.
Drahten: Nicht zu empfehlen.

Sach- und Pflanzenregister

Die **halbfett** gesetzten Seitenzahlen verweisen auf Farbfotos. U = Umschlagseite

Paradiesisch leben.
Mit GU.

Ob kleines Usambaraveilchen, riesige Palme oder edler Rosenstrauch – so richtig grünt und blüht es im Zimmer, auf dem Balkon und im Garten nur dann, wenn Sie auch die Ansprüche Ihrer Pflanzen kennen.

Das nötige Wissen über Kauf, Pflanzung und Pflege vermitteln die

- GU Ratgeber Zimmerpflanzen
- GU Ratgeber Balkon und Terrasse
- GU Ratgeber Garten.

14,80 DM/116,-öS/14,80 sFr.

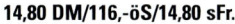

14,80 DM/116,-öS/14,80 sFr.

14,80 DM/116,-öS/14,80 sFr.

14,80 DM/116,-öS/14,80 sFr.

14,80 DM/116,-öS/14,80 sFr.

Mehr draus machen.
Mit GU.

Literatur, die weiterhilft
Benz, W./Lesniewicz, P.: *Chinesische Bonsai – Penjing.* Bonsai-Centrum, Heidelberg
Eberth, W.: *Bambus in Haus und Garten.* Gräfe und Unzer Verlag, München
Groß, E.: *Palmen auswählen und pflegen.* Gräfe und Unzer Verlag, München
Heitz, H.: *Balkon- und Kübelpflanzen.* Gräfe und Unzer Verlag, München
Heitz, H.: *Zimmerpflanzen.* Gräfe und Unzer Verlag, München
Kawollek, W.: *Das praktische Bonsaibuch.* Verlag Eugen Ulmer, Stuttgart
Kawollek, W.: *Das Zimmeronsai-Buch.* Verlag Eugen Ulmer, Stuttgart
Leonard, J.N.: *Das alte Japan,* Time-Life International, Amsterdam
Lesniewicz, P.: *Bonsai im Haus, Indoors richtig pflegen und gestalten.* BLV Verlagsgesellschaft, München
Margraf, K.: *Kranke Pflanzen gesund pflegen.* Gräfe und Unzer Verlag, München
Schafer, E.H.: *Das alte China,* Time-Life International, Amsterdam
Schmidt, W.: *Die Kunst des japanischen Bonsai.* Verlag Eugen Ulmer, Stuttgart

Impressum

Warnung und Hinweis

In diesem Buch geht es um Pflege und Gestaltung von Zimmer-Bonsai. Einige der beschriebenen Pflanzen tragen Dornen und Stacheln, an denen man sich verletzen kann. Pflanzen, bei denen Verletzungsgefahr besteht, sollten für Kinder und Haustiere unerreichbar aufgestellt werden.

Kommt es beim Umgang mit Erde zu offenen Verletzungen, suchen Sie umgehend einen Arzt auf und lassen sich fachkundig behandeln. Besprechen Sie mit ihm, ob eine Impfung gegen Tetanus (Wundstarrkrampf) erforderlich ist. Einige der beschriebenen Pflanzen sind mehr oder weniger giftig. Giftige Pflanzen, die bei geschwächten Erwachsenen oder Kindern erhebliche gesundheitliche Störungen hervorrufen können, sind in den Porträts der Pflanzen (→ Seite 34 bis 59) mit einem Totenkopf gekennzeichnet. Achten Sie unbedingt darauf, daß Kinder und Haustiere die als gefährlich bezeichneten Pflanzen nicht essen.

Der Milchsaft von *Ficus*- und Wolfsmilcharten kann bei manchen Menschen Allergien hervorrufen. Auf die hautreizenden Stoffe wird in der jeweiligen Beschreibung der Pflanze hingewiesen (→ Seite 34 bis 59). Vor allem Menschen, die an Kontaktallergien leiden, sollten beim Umgang mit diesen Pflanzen unbedingt Handschuhe anziehen.

Halten Sie sich beim Einsatz von Pflanzenschutzmitteln an die Gebrauchsanweisungen auf der Verpackung. Bewahren Sie Pflanzenschutz- und Düngemittel (auch organische) so auf, daß sie für Kinder und Haustiere unerrreichbar sind. Der Genuß dieser Mittel kann zu gesundheitlichen Schäden führen. Außerdem dürfen die Mittel nicht in die Augen gelangen.

Zeitschriften

FLORA.
Gruner + Jahr AG & Co., 20444 Hamburg
mein schöner Garten
Burda Verlag, Hauptstr. 130, 77652 Offenburg
Bonsai.
Bonsai-Club Deutschland e.V.

Bonsai-Clubs

Bonsai-Club Deutschland e.V., Geschäftsstelle: D. Schüler, Konviktstr. 1, D-79098 Freiburg.
Österreichischer Bonsai-Club, Wolfram Weineck, Spittelwiese 9, A-4020 Linz
Vereinigung Schweizer Bonsaifreunde, Postfach, CH-5107 Schinznach-Dorf

Bonsai-Centrum Heidelberg, (mit angeschlossenem Bonsai-Museum) Mannheimer Str. 401, 69123 Heidelberg.

Die Fotos auf dem Umschlag

Umschlag-Vorderseite: *Ficus religiosa* in Streng aufrechter Form (Chokkan). Kleines Foto: Umtopfen steht an, wenn der Wurzelfilz nicht mehr in den Topf paßt. Umschlagseite 2: Zimmer-Azalee (*Rhododendron*) und *Ficus retusa*. Umschlag-Rückseite, oben links: Wurzelform (Neagari). Oben rechts: Japanazalee (*Rhododendron simsii*). Unten: Eine Azalee, bei der die Drahtung deutlich zu erkennen ist.

Die Fotografen

Die Fotos in diesem Buch stammen von Jürgen Stork, mit Ausnahme von: Garnweidner: Seite 39; König: Seite 59 li.; mein schöner Garten/Stork: Seite 13; Pfisterer: Seite 32 o., m., u., 33 o., m., u., 45 re.; Reinhard: Seite 3 li., 59 li.; Silvestris/Hekker: Seite 40 re.; Silvestris/Lochstampfer: Seite 5 li.; Silvestris /Riedmiller: Seite 23, 29, 37, 46; Strauß: Seite 35 li., U4 o.li.; Wothe: Seite 41 re.

Redaktion: Peter Völk, Christiane Gsänger
Herstellung und Satz: Michael Bauer, Weißenfeld
Layout und Umschlaggestaltung: Heinz Kraxenberger
Repro: Penta
Druck und Bindung: Kaufmann, Lahr

Auflage 5. 4. 3. 2. 1.
Jahr   99 98 97 96 95

Grüne Insel im Raum

Dieser Feigenbaum (*Ficus rubiginosa*) hat seine Geschichte. Vor über sechs Jahren entdeckte ich ihn in einer Gärtnerei, wo er für Schnittgrün verwendet worden war, bis nur noch zwei Stümpfe standen. Durch kontinuierliche Pflege und Gestaltung hat er sich in der Zwischenzeit zu einem ansehnlichen Bonsai entwickelt. Im Lauf der Zeit zeigten sich auch die für Feigenbäume typischen Luftwurzeln, die nur bei hoher Luftfeuchte gedeihen. Dieser Bedarf an Luftfeuchte gab mir auch die Idee für die weitere Gestaltung: Der Baum wächst auf einer Felseninsel, wie sie ein Reisfeld begrenzen könnte. Das Tablett ist mit weißem Kies bestreut, der die gekräuselten Wellen des Wassers symbolisiert.
Einige Beigaben unterstützen die Wirkung des Bonsai: der farblich passende Kieselstein mit der bronzenen Schnecke und das Tuschebild.

Eine Ficus-Art – Ficus rubiginosa –, die als Zwillingsstamm (Sokan) gestaltet ist. Abgerundet wird der Gesamteindruck durch den Kiesel, der harmonisch zur Schale paßt.